诺贝尔奖得主的名言

张　彬　编著

吉林人民出版社

图书在版编目(CIP)数据

诺贝尔奖得主的名言 / 张彬编著 . –– 长春 : 吉林
人民出版社, 2012.4
（看世界丛书）
ISBN 978-7-206-08778-3

Ⅰ.①诺… Ⅱ.①张… Ⅲ.①格言 – 汇编 – 世界 – 青
年读物②格言 – 汇编 – 世界 – 少年读物 Ⅳ.①H033-49

中国版本图书馆 CIP 数据核字(2012)第 071290 号

诺贝尔奖得主的名言
NUOBEIERJIANG DEZHU DE MINGYAN

编　　著 : 张　彬
责任编辑 : 韩春娇　　　　　　　　封面设计 : 七　洱
吉林人民出版社出版 发行 (长春市人民大街 7548 号　邮政编码 : 130022)
印　　刷 : 北京市一鑫印务有限公司
开　　本 : 670mm × 950mm　1/16
印　　张 : 13.5　　　　　　　字　　数 : 200 千字
标准书号 : ISBN 978-7-206-08778-3
版　　次 : 2012 年 7 月第 1 版　　　印　　次 : 2023 年 6 月第 3 次印刷
定　　价 : 48.00 元

如发现印装质量问题，影响阅读，请与出版社联系调换。

目录 CONTENTS 1

目 录
CONTENTS 2

目录
CONTENTS 4

爱因斯坦

进入艺术和科学的领域

爱因斯坦是 20 世纪最伟大的物理学家，出生于德国，后移居美国。最大的贡献是发现了相对论。1921 年，因为"光电效应定律"而获得诺贝尔物理学奖。

● **名人名言**

当这个世界不再能满足我们的愿望，当我们以自由人的身份对这个世界进行探索和观察的时候，我们就进入了艺术和科学的领域。如果用逻辑的语言来描绘所见所闻的身心感受，那么我们从事的就是科学。如果传达给我们的印象所假借的方式不能为理智所接受，而只能为直觉所领悟，那么我们所从事的便是艺术。

● **精彩解读**

在爱因斯坦看来，科学与艺术是一样的，它们共同根源于人们的生存境况。而一切有素养的人们总是想以最适当的方式来画出一幅简化的和易领悟的世界图像；于是他就试图用他的这种世界体系来代替经验的世界，并来征服它。这就是画家、诗人、思辨哲学家和自然科学家所做的，他们都按照自己的方式去做。各人都把世界体系及其构成作为他的感情生活的支点，以便由此找到他在个人经验的狭小范围里所不能找到的意识形态，它们的区别并不在于思维的内在活动过程本身，而在于人们表述对宇宙人生的同样的感悟所假借的外在方式不同。实际上，真实的思维活动过程是非常复杂的，它不仅不能被单一的逻辑思维或者形象思维来简单地表述清楚，而且也很难套用任何一种确定的思维框架与类型。

逻辑思维与形象思维作为两种基本的思维形式，它们在任何创造性的思维活动过程中都始终是相互渗透、互为补充的。科学家需要形象思维，艺术家也需要逻辑思维。爱因斯坦一生的辉煌成就，就是所谓的逻辑思维与形象思维水乳交融的结晶。爱因斯坦不仅是一个伟大的科学家，而且是一位杰出的小提琴演奏家。长期的音乐熏陶对于激发他的科学创造力具有重要的意义。爱因斯坦曾经说过："我首先是从直觉发现光学中的运动的。而音乐又是产生这种直觉的推动力量。我从6岁起，父母就要我学小提琴。音乐的感觉给我带来新的发展。"保加利亚的拉扎诺夫曾经选择了许多为人们所喜爱的乐曲，深入研究了它们的生理学与心理学效应。他发现音乐能够诱导出一种冥想状态，使人体的生理过程放缓放慢，从而使人的大脑活动进入某种最佳状态。20世纪60年代的脑科学研究还发现，人的情绪和记忆的物质基础称为脑肽，脑肽可以通过调节人们的情绪来影响他们的注意力、记忆力等智力活动。悦耳的音乐能够诱发出良好的情绪，促进脑肽物质的释放。一般来说，优美的音乐能够滋润和启发人的右脑以过去的经验和知识来协助人脑进行逻辑思维，并同时给左脑以逻辑思维的物质调剂。

科学与艺术作为两种不同的意识形态，根源于一个统一的思维活动过程。只是出于表述思维活动成果的方式不同而呈现出不同的样式。然而，科学家和艺术家在追求各自的表述形式的漫长岁月里，却又要不可避免地使和谐统一的内在思维活动，受到某种在语言世界中分离了的外部形式的不同程度的侵扰。因此，使艺术与科学相互补充，解除这种人为的侵扰，恢复思维活动过程的内在和谐，就成为科学技术工作者开发自己的创造力的关键所在。科学史上著名的自然科学家中仅爱好音乐的人就至少可以列出：伽利略、笛卡尔、爱因斯坦，还有我国古代的沈括与现代的李四光、钱学森等人。

艺术除了可以弥补科学家形象思维之不足外，还能够陶冶他们的情操。科学创造需要一个充实的内心世界，需要一种朝气蓬勃的精神状态，需要一颗童心，一个精神空虚、暮气沉沉的人是不可能有任何创造力的。艺术可以丰富科学家的审美感受。对美的感受不仅能够唤起人们探索未知领域的欲望，而且还能够具体地引导人们的探索过程。科学创造中的直觉、灵感与顿悟正是在人们的审美感受中实现的。艺术还可以增强科学家的创造激情。科学创造需要有强烈的激情。爱因斯坦认为："促使人们去做这种工作的精神状态是同信仰宗教的人或谈恋爱的人的精神状态相类似的；他们每天的努力并非来自深思熟虑的意向或计划，而是直接来自激情。"而艺术，尤其是音乐，是一种极具感染力的语言，它最能够诱发人们内心深处那种不可遏制的激情。

巴甫洛夫

谁也不能动我的书

　　巴甫洛夫是苏联生理学家，在消化生理研究领域和高级神经活动心理学研究等方面都取得了重大成就。1888年完成了著名的"假喂实验"：把狗的食道从颈部中央割断，将两端引出体外。这样狗无论吃多少东西，都从食道的窟窿掉到喂食的碗里，让狗反复不断地吃，食物并没有进入胃里，因而称为"假喂"。再将狗的一部分胃从整个胃中分隔开来，不切断神经。这样胃虽然得不到食物，但仍然随着胃的活动分泌胃液。1903年巴甫洛夫开始研究神经活动心理学。做过著名的"给我脚掌"实验，实验结果证明凡具有神经系统的动物，都可以借反射的反应回应外界来的刺激，一切动物都可以通过神经系统而与客观世界保持密切联系。"由于他在消化研究方面的巨大功绩"，巴甫洛夫获得了1904年诺贝尔生理学奖，成为世界生理学家中第一个获诺贝尔奖的人。

● **名人名言**

这些东西在这儿摆放了40年，谁也不能动它们。

● **场景链接**

　　著名生理学家巴甫洛夫在世时，在他工作室的写字台上，一直摆放着《日常生活中的生理学》这么一本书。除此之外，还有《克雷索夫寓言选》《大脑的反射》等巴甫洛夫年少时十分爱看的书籍。有一次扫除的时候，家人把这几个书挪动了地方，没想到一向和蔼可亲的巴甫洛夫为这么一件小事却大发雷霆："这些东西在这儿摆放了40年，谁也不能动它们。"

● **精彩解读**

　　从这件事中我们可以看出巴甫洛夫对这几本书的珍爱程度。正是这几本书，引导巴甫洛夫一步步走向热爱科学、投身科学的人生之路。它们是巴甫洛夫人生旅途上的一盏指路明灯，其意义究竟有多大，只有巴甫洛夫自己心里最清楚，他是把它们当作上帝一样来供奉的，任何人都不能亵渎。

　　巴甫洛夫的童年是在俄国中部的一个小城镇度过的，他们家住在尼科里斯卡亚大街的一栋木头房子里。他家屋顶有一个明亮的阁楼，那是父亲的书房，里面拥有许多书籍。父亲常在晚饭后爬到阁楼上去看书，有空时就把书里的故事讲给孩子们听：在父亲的影响之下，巴甫洛夫也渐渐迷上了书。开始他不识字，看的是书中的图画，父亲给儿子挑了本《克雷索夫寓言选》，当作巴甫洛夫的认字读本。这种带故事情节的认字方式显然比学习枯燥抽象的字母更能引起巴甫洛夫的兴趣。

　　当巴甫洛夫认识的字达到一定量的时候，他开始自己寻找合适的读本。在一大堆报纸杂志中，他翻出了一本带有彩色插图的书，这就是《日常生活中的生理学》。巴甫洛夫几乎在第一眼看见它的时候就爱上了它。他读了一遍又一遍，每当他读到书中描述的食物在胃里和肠道里可能遇到的各种奇遇时，他都会为人体器官的奇妙惊叹不已，并且对它们如何工作产生了强烈好奇：食物是怎样被消化的？胃液是怎么产生的？身体各器官又是怎么相互协调的？……一连串的问题在他的脑中闪现。我们很难说，如果没有《日常生活中的生理学》，巴甫洛夫会不会成为生理学家？不管怎么说，这是他接触到的最早的生理学知识书籍，并且书中讲述的心脏和消化器官的功能等知识与他日后的研究领域恰恰密切相关。此后，巴甫洛夫经过二十多年的研究，最先对人类的高级神经活动做出了科学阐述，为研究人类大脑皮层的一系列复杂问题，开辟了新途径，并为心理学奠定了生理学基础。

　　可见，在人的一生中，有很多因素影响我们的价值观和人生观。某个时候，由于某件看起来并不起眼的事，影响了我们原来的想法，改变了我们的价值观，使我们踏上了不一样的人生道路。正如人们常说："一个榜样、一本好书会影响人的一生。"这句话一点也不假。所以我们要鼓励现代的青少年阅读科普读物，培养他们对科学的爱好，从而引导他们以科学为榜样，为取得辉煌的成就而努力。

鲍 林

在学科交叉中向更高级的方向探索

鲍林诞生于 1901 年 2 月 28 日，去世于 1994 年 8 月 19 日，他的一生几乎横跨了 20 世纪。他一生贡献颇多，涉及领域甚广。他既是一名杰出的科学家，又是一名不屈不挠的和平斗士。1954 年他因在化学领域的卓越成就荣获诺贝尔化学奖，1963 年又因在禁止核武器和争取世界和平事业上的巨大贡献荣获诺贝尔和平奖，从而成为在两个不同领域两次独获诺贝尔奖的第一人。鲍林是公认的杰出科学家，著名的科学杂志——英国《新科学家》把他列为人类迄今为止最伟大的 20 位科学家之一，与伽利略、牛顿和达尔文等齐名，20 世纪只有他与爱因斯坦比肩。

● 名人名言

为了建立一个永恒美好的世界，我献出了毕生的精力。开始，我从比较简单的方面——物理学和生物学入手，接着向比较复杂的学科——生物学、医学以及人类社会学发展，进而向更高级的方向上探索。

● 场景链接

鲍林是在美国加州理工大学攻读的研究生。他的这一选择是正确的。当时的加州理工大学是一所正在蓬勃发展、充满了活力的学校。它的校园很小，但它的教学环境和软件设施却是无与伦比的。1907 年，从芝加哥大学迁居此校的海尔教授提出了改革方案，他建议要努力把学校办成一个杰出的科学技术研究所。其后，他四处奔走，重金礼聘，使越来越多的美国科学界领导者迁居该校。全美国最负盛名的物理学家密立根教授和杰出的化学家诺伊斯教授都来到了这所学校，杰出的科学家又提出了新的教学理念：科学研究应该打破并超越旧的学科界限，学科和学科之间应该互相取长补短。在校园里，化学家定期参加物理研讨会，物理学家通过观察宇宙来检验化学演化的理论，天文学家、物理学家和化学家一起破解星球的奥秘。他们还主张在教师中应强调学术研究；提倡导师和研究生加强联系；在教学中引进研讨会的形式，即上课的时候学生和教师共同研究和评判最新的科研成果；学校的目标是指导研究生独立地开展科学研究活动。

● 精彩解读

鲍林选择了将物理学与化学结合起来的研究方向，这是一个非常正确的选择，也是鲍林成功的经验所在。从20世纪的中后期开始，世界科学知识的总量成倍地增长，多学科的综合、各学科的交叉和渗透成为突出特点。科学的发展不再以系统的学科知识为主，学科的综合和交叉创造了许多具有世界意义的新成果，这些都反映了科学发展的规律和方向。鲍林顺应科学发展的规律和方向，将物理学与化学结合起来，用物理学的更具体地说是用量子力学的方法研究化学，他是这一领域的先驱。不仅学科的综合具有"杂交"优势，相同学科内不同派别的综合也有"杂交"优势。鲍林远赴欧洲学习，他的使命是既要学好当时最先进的物理学，又要了解欧洲不同物理学派别的成果。他不负使命地学习了这些不同学科的知识，从中受到了深刻的启迪。学科的综合使他有了重大的突破，也获得了巨大的成功。

1932年诺贝尔物理学奖获得者海森堡这样说："在人类思想史上，最有成果的常常发生在两条不同的思想路线的交叉点上……如果它们在实际上相遇了，即它们至少已相互关联到能够发生真实的相互作用的程度，那么，人们可以期望新的和有意义的发展也随之而来。"年轻的朋友们，你能从鲍林的成才经历中获得有益的启示吗？

丁肇中

我的成功经验：勤、智、趣

　　丁肇中是当今世界最有名的物理学家之一，1976年诺贝尔物理学奖获得者、美国国家科学院院士和艺术科学学会会员。自1975年以来，他多次应邀来中国访问并进行学术交流。近年来，他一直在从事探索宇宙奥秘的研究。进行这项大型研究工程的目的，旨在解开宇宙之谜。也就是说，他正在"寻找宇宙最初的基本东西是什么"？而这项研究的艰巨性只有丁肇中与参加这项研究的人员知道。

● 名人名言

我的成功经验归纳起来是三个字，一是勤，二是智，三是趣。

● 场景链接

　　丁肇中到美国后，用5年左右的时间，走完了从大学本科到博士研究生的道路，并获得了数学学士、物理学士和物理博士学位。而在美国，一般学生获得这些学位需10年左右的时间。丁肇中的秘诀是什么呢？某报社新闻记者带着这个有趣的问题访问了丁肇中教授。记者问："听说，美国大学要念4年，研究院念5至6年，才能取得博士学位，而您，总共只用了5年左右的时间，是吗？"丁肇中答："确实是这样。""在这样困难的逆境中读书，就得用功！"记者又问："您取得成功的秘诀是什么？"丁肇中总结了他的成功经验，归纳起来是三个字，一是勤，二是智，三是趣。

● 精彩解读

　　勤奋刻苦、意志坚定是丁肇中获得成功的第一个秘诀。他在中学时代，就是一个以勤奋刻苦学习而出名的学生。读大学后，无论是在我国台湾成功大学，还是在美国密执安大学，他都以更为勤奋刻苦的精神去学习。

居里夫人说过："懒惰和愚蠢在一起，勤劳和科研在一起，消沉和失败在一起，毅力和顺利在一起。"爱因斯坦也说过："在天才与勤奋之间，我毫不迟疑地选择勤奋，她几乎是世界上一切成就的催产婆。"

勤奋，包括了学习专业知识时注重深度和广度，也包括广泛涉猎教科书以外的知识。人类创造了那么多的知识财富，新知识又层出不穷，一个人掌握知识的多与少，完全取决于他的勤奋程度。勤奋，还包括了惜时如金。丁肇中懂得时间的价值，懂得时间是公正的，它每天给任何人的数字都相同。同样的24小时，可以一小时一小时地白白浪费，也可以一分钟一秒钟地利用起来。成功者的经验都是分秒必争，挤时间、抢时间，充分利用时间、向时间要生命、要成绩。丁肇中用5年时间读完了10年的书，就是抢时间、争速度的结果。他珍爱时间，时间也回报了他，他比一般人赢得了更多的时间去取得成功。

独立思考、以智取胜是丁肇中获得成功的第二个秘诀。他懂得学习不仅要勤奋，更要懂得正确的学习方法。正确的学习方法就是不读死书，每读一本书，都要独立思考，了解作者哪些是说得对的，哪些是说得不对的，哪些是作者自己也弄不清楚的。他常说："我认为，比考试更为重要的是，我们应该对某一门课程有比较深刻的了解，不是死背，而是独立思考，在物理、化学、数学、生物等领域里，认真想一想每一个自然现象发生的原因，设法解释各种现象之间的内在联系，这样，我们不但能掌握已知的科学成果，而且可能发现新的问题。"有了独立思考，学习知识就更为灵活，进步也就更快，理应能收到事半功倍的效果。

兴趣、事业心是丁肇中获得成功的另一个秘诀。兴趣能够激励他深入探索真理，而事业心是他持久永恒的动力。丁肇中为了探索科学知识有时达到了着迷的程度。他曾说过："任何科学研究，最重要的是要看对于自己从事的工作有没有兴趣，"换句话说，也就是有没有事业心，这不能有丝毫的强迫，许多人从事科学研究的时间并不长，而接连出成果。比如搞物理实验，因为我有兴趣，我可以两天两夜，甚至三天三夜待在实验室里，守在仪器旁。我急切希望发现我要探索的东西。

勤奋刻苦的学习态度，灵活的学习方法，对知识浓厚的兴趣和强烈的事业心是保证丁肇中克服困难的重要条件，而这些条件也是他在科学研究中获得巨大成就的重要因素。

恩里科·费米

我要每天再花6小时在实验上

恩里科·费米，美籍意大利裔物理学家，1938年诺贝尔物理学奖获得者。他被称为现代物理学的最后一位通才，对理论物理学和实验物理学均做出了重大贡献。他是量子力学和量子场论的创立者之一。

● **名人名言**

我决定开始研读化学。不管是理论的或非理论的。目前每个礼拜8小时的课并没有让我忙不过来；我计划每天要再花6个小时在化学及其他的物理实验上……（这是他给少年时的朋友佩尔西科的信中说的话）

● **场景链接**

读大学时教授授课不能满足费米对知识的渴求，他就独自钻研，在图书馆里寻找可以学习的书籍。在偶然的机会下，费米看到了丹麦物理学家玻尔的有关氢原子的科学论文。玻尔后来在1922年因对原子结构的贡献而获诺贝尔奖。然而，玻尔这时在意大利仍未为学术界所知晓，即使在科学家之间，知道他的人也寥寥可数。但年轻的费米却能注意到玻尔工作成果蕴含的意义。玻尔的文章对费米后来的核子科学生涯深具启发性。总之，费米在学习上跟着感觉走，随着兴趣爱好走。不到一年，他成了学校中公认的物理学权威，尤其擅长最新的物理学理论相对论和量子论。他已经超越了教授们的程度，并开始开拓物理学的新领域。

● **精彩解读**

从费米的学习生涯中，我们可以注意到一个重要的因素，就是兴趣在科学家成长过程中的巨大作用。什么是兴趣?兴趣是一个人积极探究某种事物的心理倾向。一个人对某个学科、某个问题感兴趣，就会积极去进行探究，当这种探究使这个人获得了更深的知识和获得了新的发展时，他就会体验到好奇心和求知欲获得满足的愉快体验。而这种愉快体验会进一步推动他去进行新的更深层次的探究。因此，兴趣是激励一个人成长的心理推动力，它有利于充分发挥智力作用，有利于增强克服困难的信心和决心。费米从中小学开始，就把学习注意力集中于他感兴趣的数学和物理学方面。在兴趣的驱使下，他和好朋友一起自学了大量的课外书籍，演算了大量的远远超出中小学水平的习题，还自行做出许多没有任何人要求他们做的物理学小实验，这就奠定了他物理学既广博又深厚的功底。上了大学后，他仍然发展他的兴趣、爱好和特长，他仍能留意物理学发展的新动向，善于汲取新知识，拓展他的物理学知识，终使他成为这一行的佼佼者。由此看来，从感兴趣的学习开始，长时间地将兴趣指向某一个领域，是费米获得成功的重要经验之一。

● 名人轨迹

小费米出生不久，因为身体虚弱，爸爸和妈妈又没有时间照顾他，就被送到了乡下。回到家里的时候，小费米和哥哥比起来处处显得很差，他不会系鞋带，洗澡、梳头都要别人提醒，衣服的扣子也总是扣错。所以，老师对他的印象很不好。二年级的时候，老师问同学们："大家说说，铁能做什么东西啊？"同学们七嘴八舌地回答"汽车""飞机""坦克""大桥"……老师点点头，希望大家把自己的看法写成作文。可是小费米的作文只说了一句话："铁能用来做床。"老师看了以后觉得费米平时不爱说话，作文也这么简单，就认为他不是一个聪明的孩子，甚至头脑有些简单。可是费米将别人的看不起放在一边，他让读书和学习占据了自己的时间，慢慢地，老师发现这个叫费米的"笨孩子"经过努力，进步非常快。就是从这个时候开始，他对科学的兴趣建立了，物理和数学成了他最好的朋友。

长大以后的费米用自己的智慧和辛勤的劳动，建立了第一座原子反应堆，宣告了原子时代的到来。

克鲁岑

用科学成就为人类服务

克鲁岑是荷兰大气化学家，因在臭氧的形成和分解的研究方面做出的杰出贡献获得1995年诺贝尔化学奖。

● 名人名言

希望你们当中成为科学家的那些人，用你们的科学成就为人类服务。

● 场景链接

1995年诺贝尔化学奖获得者、荷兰气象学家克鲁岑由于出身贫寒，中学毕业后未能上大学，只得上了中专。1958年，报纸上刊登了一则广告，瑞典斯德哥尔摩大学招收计算机编程人员。这时，克鲁岑已在政府机构中有了一份稳定的工作，并娶妻生子。但出于对科学研究的好奇和对大学的渴望，他毅然辞去工作，举家迁往斯德哥尔摩，当了一名职位低下的普通工作人员，他边工作，边旁听大学课程，后来获得了气象学硕士学位，并首次提出和论证了大气小臭氧层空洞是由于某些工业化学物质破坏所致，成为由于环保领域的研究成果而荣获诺贝尔奖的第一人。克鲁岑作为一名没有经过正规大学教育、非化学专业的硕士，最终却在化学领域取得了重大的科学成果，这在诺贝尔化学奖历史上是极罕见的。因为在全部诺贝尔科学奖获得者中，95%以上是博士，克鲁岑在应邀请致中国青少年的信中说："希望你们当中成为科学家的那些人，用你们的科学成就为人类服务。"

● 精彩解读

苏联著名科普作家阿西莫夫在《科学是什么》一文中说："好奇心是一种强烈的求知欲，无机物是不会有的，而有些活的有机体也因为缺乏好奇心而显得全无生气。一棵树无法以我们所能辨认的方式对它的环境表示好奇；海绵或牡蛎也同样不能。"诺贝尔奖获得者丁肇中教授也强调科学家要有"好奇心"，他在许多场合提到"格物致知"精神：如果在波士顿下了一场雨，其中如果一滴雨是有颜色的，我们就应该千方百计地找出这滴有颜色的雨。

我们要睁大一双好奇的眼睛看世界。我们甚至还可以说：如果夏娃没有好奇心，就不会在伊甸园里偷尝禁果，也就没有人类今天的繁衍，生生不息。具有创造性的人，总是对束缚手脚的旧习惯进行挑战，他们不满足于现状，而愿意体验充满矛盾的新奇事物，对新奇性充满渴望。贝弗里奇指出："也许，对于研究人员来说，最多的两条品格是对科学的热爱和无法满足的好奇心。"一般来说，科学研究爱好者比常人保有更多好奇的本能。在好奇心的作用下，新奇的事物能引起兴趣，重复从事某一种活动，在重复接触中能在认识的基础上再增加新的信息和新的成分，引起人的好感。因此，人们会在好奇心的控制下被自身感兴趣的事物围绕着。人们在所从事的事业中有新发现，就能不断地产生新的兴趣，从而得到更多的快乐。

● 小 资 料

据研究发现，臭氧层已经有 4 亿岁了，一直平安无事。可 1974 年，有科学家发现人类排放的化学物质正在不断消耗臭氧层，尽管很多国家已经开始采取措施，但到了 2006 年，人们在南极大陆上空发现了"臭氧层空洞"的最大值，已经相当于整个非洲那么大了。此外，在北极上空和一些中纬度地区，也不同程度出现了臭氧层损耗现象，其中就包括我国的青藏高原。臭氧层就像一件保护服，阻挡大量有害的紫外线抵达地球。如果这件衣服破个大洞，遭殃的肯定是穿衣服的人。有资料显示，臭氧层每减少 1%，到达地球的紫外线就会增加 2%。当我们暴露于阳光下，这些过量的射线会穿透我们的皮肤和眼睛，引发皮肤晒黑和晒伤，引发皮肤癌或者白内障。据分析，臭氧层每减少 1%，全世界因白内障引发失明的人数就会增加 1 万人到 1.5 万人。此外，过多的紫外线还有可能修改我们的 DNA，引起人的免疫力下降，减弱接种疫苗。影响还不仅仅如此。受到高辐射影响，植物发芽和生长会减慢，会引发农作物减产。海洋里，过量的辐射会消灭浮游生物，直接影响海洋食物链，破坏生态平衡。此外，紫外线增强也会引起建筑物材料老化，使其变硬变脆，缩短使用寿命，所以我们要保护臭氧层。其实在平常的生活中，我们每个人都可以通过实际活动，不让臭氧杀手逃出去搞破坏，需要每个人一起行动。比如，买空调冰箱时，一定要看看上面是否有环保标志；而处理这些废家电时，一定别忘了除去制冷剂。汽车的空调不制冷了，别随便找个地方去修，要去具有制冷剂回收设备的维修点去修理。到了单位，看看办公桌上的涂改液、墨水是否含有"违禁物品"。此外，温室效应带来的地球变暖，也会加速臭氧的分解，所以我们还可以每天少开一会汽车，天热时空调调高1度，甚至多使用淋浴，而不是浴缸泡澡，这些小习惯都可以有效减少能源的损耗。

卢瑟福

出色的科学家总是善于想象的

卢瑟福是英国著名物理学家，是1908年度诺贝尔化学奖的获得者。他在核物理和化学方面做出了巨大的贡献，被称为近代原子核物理之父。他创立的崭新的原子结构理论，具有划时代的意义。从此，原子学和原子核物理学便诞生并发展起来。卢瑟福提出行星模型以及波尔的理论，把人类认识微观世界的进程推进了一大步。从此，物理学家掀起了对微观世界研究的新的冲刺。卢瑟福的发现标志着人类原子时代的到来。

● 名人名言

出色的科学家总是善于想象的。

● 小资料

爱因斯坦也把想象力当作一种可贵的智能，他认为："想象力比知识更重要，因为知识是有限的，而想象力概括着世界上的一切，推动着并且是知识进步的源泉。"近代心理学家经过对世界知名科学家、诺贝尔奖获得者的大量研究，结论是：天才的重大特征不是智商，而是形象思维和创造能力。

● 精彩解读

想象是人的一种思维活动。人的大脑皮层由大小、形状、排列顺序不同的140 150亿神经细胞构成，这些细胞又分别组成若干集团，各司其职。心理学家认为，大脑有四个功能部位：（1）接收外部世界信息的感受区；（2）将这些感觉信息收集整理起来的储存记忆区；（3）评价所获得的信息的判断区；（4）按新的方式把旧信息和新信息结合起来的想象区。人的思维能力相应地分为感受力、记忆力、判断力、想象力四种。所谓想象，就是由保存在记忆中的表象出发，把这些表象以不同的方式组合起来，形成新的形象或构想这样一种思维过程。想象在创造性思维活动中有着十分重要的作用。比如，科学研究始于观察、实验，但观察所获得的只是一些零碎的经验材料。而要达到研究的目的，必须借助于想象，以把握事物的内在本质，构想出事物运动的图像。想象分为有意识想象和无意识想象。有意识想象，是按确定的思路，对某个问题进行有步骤和连贯的思考，设想解决问题的方法，或构造表现事物本质的形象。有意识想象在科学探索过程中是必不可少的。哥白尼经过二十多年的天文观测、计算，大胆地勾画出新的宇宙图景；道尔顿根据当时已发现的大约三十种元素，推测一切物质都由元素组成，创立了近代意义上的原子理论；卢瑟福在 α 粒子散射实验基础上，设想出形象的原子核模型……这些都得益于想象。无意识想象，又称"灵感"，它是指对情况的一种突如其来的顿悟和理解，通常是指某一工作已被暂时放弃思考，或当注意力转向不相干的事物时，突然间脑际闪出思想火花，从而茅塞顿开。长时间专心研究的问题瞬间解决。例如，阿基米德在浴盆里悟出了著名的浮力原理；格拉塞在啤酒店受啤酒气泡溢出的启发，构造了"液态气泡室"模型；化学家凯库勒根据睡梦中显示的有机物苯的环状图形，提出了有机物分子结构理论等等，都是无意识想象的有趣例证。有人把有意识想象和无意识想象视为两种互不相干的思维活动，其实，无意识想象不过是有意识想象的继续，是充满着必然的偶然。不论是有意识想象，还是无意识想象，都建立在渊博的学识之上，根植于丰富的实践经验之中。"灵感"是可贵的，但任何一个"灵感"的产生，总是以自觉的思考为前提。没有对观察资料长时间的追索，没有对问题的浓厚兴趣和解决问题的强烈愿望，"灵感"是很难产生的。爱因斯坦从小就极富想象力，在他16岁的时候，他就想象，"假如我骑在一条光线上，追上了另一条光线，那将看到什么现象？"对这个似乎是荒诞不经的问题他用了10年时间苦心钻研，终于创立了举世瞩目的狭义相对论。可见，想象对于科学技术的发展、文学艺术的繁荣、社会生活的进步，都有极其重要的作用。所以我们说，有了想象，物理学家才能洞悉极端细微的原子内部，天文学家才能穷究深邃浩渺的宇宙天体，考古学家才能破译几十万年前猿人头盖骨的密码，建筑学家才能设计出新颖别致坚固耐用的房屋，科学才能不断进步，知识才能不断增长。

伦 琴

研究需要温暖、友谊和帮助

伦琴是德国物理学家。1895年，他发现了X射线，被认为是19世纪末物理实验的三大发现之一，标志着现代物理学的开端，对科学技术的发展产生了巨大而深远的影响。医学X射线照片诊断以及计算机X射线断层扫描成像术就是最好的例证。1901年诺贝尔奖第一次颁发，伦琴就由于这一发现而获得了这一年的诺贝尔物理学奖。

● 名人名言

朋友们，研究学问犹如在黑暗中摸索，多么需要温暖、友谊和帮助啊！（这是1895年，伦琴在接受伦敦皇家朗福德奖时，他饱含热泪地对与会者说的话）

● 场景链接

伦琴1845年出生在德国，伦琴是家里的独生子。伦琴3岁的时候，他们全家迁居荷兰，和外祖母一起生活。伦琴在那里上了一所私人寄宿学校。伦琴小时候学习似乎不大用功，更不是整天捧着书本，倒是特别喜欢户外活动和手工劳动。对于这种状况，父母没有进行干涉，因为他们认为这对孩子的成长没有坏处。

伦琴小时候开始形成非常正直而倔强的性格，他认定的正确的事情是不会轻易改变的。后来他因此遭受了一次严重打击：被马德列支一所学校开除学籍。这是不公正的，因为事情本来与他没有关系。一个同学给一个男教师画了一些讽刺漫画，这个教师恼怒至极，要求伦琴出来作证。但正直的伦琴不愿做"告密者"，非常执拗地断然拒绝了这个教师的要求；结果伦琴被无理逐出校门。这等于剥夺了伦琴按正规程序上大学的希望。伦琴因为正直而代人受过，父母曾因此十分难过。但他们并没有责怪伦琴，因为这正是伦琴性格的难能可贵之处，做人首先要做一个正直的人。

接着，伦琴上了两年半的技校，又在乌德列支大学旁听了9个月的哲学课程。这时，父母与伦琴在志向选择上发生了分歧。父母强烈希望伦琴长大后当个水利工程师，但伦琴却对物理学产生了浓厚兴趣，并决心为之奋斗终身。伦琴坚定不移的信念深深感动了父母，使父母改变了主意，支持儿子主攻物理学。于是伦琴得以到瑞士上了苏黎世工业学院。

伦琴的父母在儿子的志向问题上向儿子让步，尊重儿子的选择，表现了难得的明智。事实上，父母的这种明智对于伦琴走上成功之路具有重要意义。

伦琴终于如愿以偿，在苏黎世生活得很快乐，学习也很努力，顺利地获得机械工程师的毕业文凭，一年以后又获得哲学博士学位。

但是那里的物理学水平不能满足伦琴如饥似渴的求知欲望。德国奥盖斯德·康特教授的成就使他极为向往，于是他前往登门求教。康特教授为伦琴的才能和好学精神所感动，收留他当了助教。在康特教授的指导下，伦琴奋发地学习和钻研，进步很快，连续发表了15篇论文；4年后，就一跃成为斯特拉斯堡大学的物理学主任教授。1895年，伦琴经过反反复复的验证，终于确定地捕捉到了一种新的射线——X射线。这一年12月28日，伦琴发表了《论一种新的射线》的论文，并出示了X射线的相片。伦琴的发现震惊了全世界，消息不胫而走，人们惊奇不已，激动异常。伦琴一生的贡献很多，除了X射线外，还有在物理学的弹力、气体比热、晶体热力和压电现象等方面的许多成就。

● 精彩解读

我们通过分析伦琴的情况，可以看到父母对于子女志向的选择应该给予指导（如果他们具备这种能力的话），帮助孩子做出正确的抉择。但这种指导只应是参考或顾问的作用，进行适当的分析和评估，而不应代替孩子抉择，甚至强加介入。否则效果反而不好，不利于孩子的发展。当父母与孩子发生意见分歧的时候，一般来说，尊重孩子的志向是非常必要的。

杨振宁

改变中国人不如人的看法

杨振宁是极富科学感觉和数学天赋的天才型物理学家。他的伟大贡献,不仅在于1957年他和李政道合作推翻了爱因斯坦的"宇宙守恒定律",提出"宇宙不守恒理论"从而获得诺贝尔物理学奖,而且在于他是"继爱因斯坦、狄拉克之后,为20世纪物理科学家树立风格的一代大师""是本世纪最伟大的物理学家之一,也是一个独一无二的精彩人物"。

● 名人名言

我一生最大的贡献也许不是得诺贝尔奖,而是帮助中国人改变了一个看法,不如人的看法。

● 场景链接

2005年1月26日,CCTV《面对面》栏目的王志先生来清华园访问杨振宁。

王志:杨先生,您说过您一生最大的贡献也许不是得诺贝尔奖,而是帮助中国人改变了一个看法,不如人的看法。很多年前你就开始这么说。但是我们很想知道,这是面对中国人讲的一种客气话呢,还是真心的就这样认为。

杨振宁:我当然是真心这样觉得,不过我想比你刚才所讲的还要有更深一层的考虑。你如果看20世纪初年、19世纪末年的文献,你就会了解到,20世纪初年中国的科学是多么落后。那个时候中国念过初等微积分的人,恐怕不到10个人。所以你可以想象到20世纪初年,在那样落后的情形之下,一些中国的,尤其是知识分子,有多么大的自卑感。1957年李政道和我得到诺贝尔奖,为什么当时全世界的华人都非常高兴呢?我想了一下这个,所以就讲了刚才你所讲的那一句话,是我认为我最重要的贡献，是帮助中国人改变了自己觉得不如外国人这个心理。

● **精彩解读**

杨先生的话激发了国人的志气。客观地说，我国的历朝历代中，有不少朝代都有一个一百年左右的全盛期。如汉景帝、汉文帝时的文景之治，唐朝的贞观之治，明成祖以后三宝太监下西洋的壮举，又如清代的康乾盛世，经济文化全面发展，曾是全世界国力最强大的国家。只是近代，特别是近一百多年来，由于战乱和动荡，我们落后了，与西方先进国家相比，出现了一个较大差距，一些人也相应出现了"外国的月亮比中国圆"的自卑心态。实际上，科技与经济落后并不可怕，可怕的是丧失了自信心。中国人是有骨气的，中国人民有信心在较短的时期内缩小和赶上西方先进国家的水平。在这种背景下，领悟杨振宁先生表述"最大贡献"的心境，确实可以感受到他"恨铁不成钢"热爱祖国的拳拳之心，能够得以增强民族自信心，振奋精神，努力把中国的名字向前排些，再向前排些。他证明了国人的能力。每年10月，全球各地的人们总要把目光投向北欧的瑞典和挪威，关注从这里诞生的诺贝尔大奖。一个国家如果能有学者获得诺贝尔奖，无疑标志着该技术所涉及的行业领域在全世界处于领先地位。令人遗憾的是，在诺贝尔奖的百年历史中，全世界已有三十多个国家的科学家获奖，但在获奖的几百名科学家中，却没有我们本土的科学家。中国人能不能获奖？中国距离诺贝尔奖还有多远？这些"情结"自然时刻困扰在国人心头。杨振宁的"最大贡献"在于，华人在国际近代科学上有建立不朽功绩者，是自杨振宁开始的。从1957年到1998年，共有杨振宁、李政道、丁肇中、李远哲、朱棣文和崔琦等6人，先后获得4次诺贝尔物理学奖和1次诺贝尔化学奖。这点证明了中国人并不比外国人差。杨振宁先生预言，诺贝尔奖离中国不远了。他反映了国人的精神。爱国，是中华民族传统精神的核心，是国人安身立命、继往开来的基点。科技无国界，但科学家有国界。杨先生自认的"最大贡献"，说到底，是实现了他的爱国热忱和民族自豪。杨先生关于"最大贡献"的观点，满腔热忱地呼吁国人：面对21世纪人类社会的科技挑战，应在爱国的前提下，努力促进人的全面发展，增强人文素质，以自强、自信、自主的精神应对挑战，战胜困难，激励意志，勇往直前。

哈迈德·泽维尔

把握好人生的方向

哈迈德·泽维尔 1946 年 2 月 26 日生于埃及。现任美国加州理工学院"林纳斯·鲍林"化学教授、物理学教授和美国国家科学基金会分子科学实验室主任。哈迈德·泽维尔是国际著名的物理化学专家和飞秒化学学科的创始人。他在超快激光技术和物理化学等领域具有极大的影响力，促进了前沿基础科学的进步，因此于 1999 年获得诺贝尔化学奖。

● 名人名言

我们要把握好人生的方向。有杰出成就的人，必然能很快做出决定，那是因为他清楚知道自己人生最重要的价值何在。价值观有如人生的指南针，引导人通过人生中各种困境。

● 精彩解读

相信你一定遇到过棘手的情况，迟迟做不了决定。其中的原因乃是你不知道这种情况下什么是最重要的价值。事实上，一切的决定都根植于你的价值观。不同的价值观，带给人不同的人生：无论任何人，他的价值观只能是经过他自己痛苦的选择后才决定下来的。有杰出成就的人，必然能很快做出决定，那是因为他清楚知道自己人生最重要的价值何在。价值观有如人生的指南针，引导人通过人生中各种困境。

什么叫作价值观？简单地说，就是每个人判断是非黑白的信念体系，引导我们追求所想要的东西。价值观颇似电脑的执行系统，虽然你可以输入任何的资料，但电脑是否接受或运行，还得看执行系统是否先设定了相关的程序。价值观就是我们脑子里判定是否执行的系统。有什么样的决定，就会造成什么样的命运，而主宰我们做出不同决定的关键因素就是个人的价值观。

爱因斯坦说:"一个人的真正价值首先决定于他在什么程度上和在什么意义上从自我解放出来。"一个人要想体现自己的人生价值,他就必须清楚知道自己的价值观,同时确实按照这个价值观过其人生。一个人只要改变自己先前的信念,能够始终盯着更高的价值标准,那么他的潜能就会有更大的发挥,人生也因此会大大地改观。不属于你的东西,你不必假装拥有;属于你的东西,你更不必否认。假如你喜欢自主,很好;假如美丽的环境对你很重要,很好;你的价值观是你本质的一部分,因此,要想做一个诚挚的人,你必须先得了解和接受自己的价值观。

如果我们不知道自己人生中什么是最重要的——什么价值是我们确实应该坚持的……那么怎会知道该建立什么样的人生价值观?又怎样能知道该做出何种有效的决定,不管你的价值观是什么,但千万别忘了,它就是你人生的指南针,引导着你人生的去向,每当你面临选择的关头,它就会为你做出决定,使你拿出必需的行动。

这个指南针如果你使用不当,就会给你带来挫折、失望、沮丧,甚至人生就此掉进阴暗的世界;然而你若使用得当,它就会带给你无比的力量,人生充满自信,不论处在任何状况都抱乐观态度,这是许多成功人士所共有的一个特质。

好好思考你目前所持的价值观,它们是怎么塑造出今天的你,今后你要坚守正确的价值观、修正错误的价值观,因为你的一切决定都受制于所持的价值观。一旦你知道了自己的价值观为何,就会明白何以会走那样的人生方向。每个复杂的体系,不论它是一部机器,或是一台电脑,其各部分结构都得协调一致,相互支持,方能达成最佳的动作;如果各行其是没多久便会停机。人类也不例外。我们的行为若无法与内心最重要的愿望相符,那么便会在内心产生对立,成功也就遥遥无期了,更甭谈什么发挥潜能了。要想发挥潜能,要想成功,你一定得表现你的价值观。换句话说,你必须根据你最重要的事情来拟定你的目标。

诺曼·博洛格

安排好时间是成大事的关键

诺曼·博洛格，美国著名农业科学家、植物病理学家、遗传育种专家。由于博洛格培育出丰产、抗锈小麦品种，使小麦产量大幅提高，所以他于1970年获得诺贝尔和平奖。当时向他颁发这一奖项的诺贝尔和平奖委员会主席奥瑟·利奥内斯评价博洛格说，博洛格为饥荒世界带来面包，我们希望这也能为世界带来和平。

● 名人名言

每天开始都有一个"优先表"，把事情按先后顺序写下来，定个进度表。把一天的时间安排好，这对于成大事者是很关键的。这样你可以每时每刻集中精力处理要做的事。

● 精彩解读

一个人的行动是要有章法的，不能眉毛胡子一把抓，要每天开始都有一个"优先表"！这样才能一步一步地把事情做得有节奏、有条理，达到良好结果。

在紧急但不重要的事情和重要但不紧急的事情之间，你首先去办哪一个？面对这个问题你或许会很为难。在现实生活中，许多人都是这样。这正如法国哲学家布莱斯·巴斯卡所说："把什么放在第一位，是人们最难懂得的。"对许多人来说，这句话不幸而言中，他们完全不知道怎样把人生的任务和责任的重要性排列。他们以为工作本身就是成绩，但这其实是大谬不然。

不妨举一个例子，我们在学校学习的过程中，最缺的是什么？可能有许多人都有同感。我们最缺的就是钱。在这个时期，对于我们的一生而言，学习是重要的，但却不是最紧急的，而钱对我们是紧急的（我们会举出许多理由，如我们已经长大了，不想要父母的钱等等），但却不是最重要的。在这个十字路口，我们选择什么？对这个问题，不同的人有不同的选择。有的早早就选择弃学从商，有的依然选择在校学习，还有更可悲的人，无论他是弃学经商还是在校学习，他都不知道他在做什么？

这个例子看来真是再明显不过了，许多人在处理我们日常生活的方方面面时，的确分不清哪个更重要，哪个更紧急。这些人以为每个任务都是一样的，只要时间能忙忙碌碌地打发掉，他们就从心里高兴。他们只愿意去做能使他们高兴的事情，而不管这个事情有多么不重要或多么不紧急。

实际上，懂得美好生活的人都是明白轻重缓急的道理的，他们在处理一年或一个月、一天的事情之前，总是按分清主次的办法来安排自己的时间。

1. 把重要事情摆在第一位

商业及电脑巨子罗斯·佩罗说："凡是优秀的、值得称道的东西，每时每刻都处在刀刃上，要不断努力才能保持刀刃的锋利。"罗斯认识到，人们确定了事情的重要性之后，不等于事情会自动办得好。你或许要花大力气才能把这些重要的事情做好。而始终要把它们摆在第一位，你肯定要费很大的劲。下面是有助于你做到这一点的三步计划：

（1）估价。首先，你要用上面所提到的目标、需要、回报和满足感四原则对将要做的事情做一个估价。（2）去除。第二步是去除你不必要做的事，把要做但不一定要你做的事委托别人去做。（3）估计。记下你为达到目标必须做的事，包括完成任务需要多长时间，谁可以帮助你完成任务等资料。

2. 精心确定主次

在确定每一年或每一天该做什么之前，你必须对自己应该如何利用时间有更全面的看法。要做到这一点，你要问自己四个问题：

（1）我从哪里来，要到哪里去？我们每个人都肩负着一个沉重的责任。所以，我们要解决的第一个问题就是，我们要明白自己将来要干什么？只有这样，我们才能持之以恒地朝这个目标不断努力，把一切和自己无关的事情统统抛弃。

（2）我需要做什么？要分清缓急，还应弄清自己需要做什么。总会有些任务是你非做不可的。重要的是你必须分清某个任务是否一定要做，或是否一定要由你去做。这两种情况是不同的。非做不可，但并非一定要你亲自做的事情，你可以委派别人去做，自己只负责监督其完成。

（3）什么能给我最高回报？人们应该把时间和精力集中在能给自己最高回报的事情上，即他们会比别人干得出色的事情上。

（4）什么能给我最大的满足感？有些人认为能带来最高回报的事情就一定要给自己最大的满足感。无论地位如何，人们总要把部分时间用于做能带来满足感和快乐的事情上。

加夫列拉·米斯特拉尔
养成每天记录的好习惯

　　加夫列拉·米斯特拉尔（1889—1957）是智利当代著名女诗人，她热爱儿童，保护妇女，被誉为真正的美洲女性。由于她将一腔热血都倾注于她那具有浓厚人道主义色彩，歌颂母爱和儿童的天真及对穷人同情的诗歌中，"她的名字成为整个拉丁美洲的理想的象征"，从而荣获1945年诺贝尔文学奖，成为拉丁美洲获得诺贝尔文学奖的第一人。

● **名人名言**

　　一定要养成每天记录的好习惯，不妨自己准备一个"每日备忘录"吧。"每日备忘录"是你想记却又不愿长久记在脑海里的讯息、文件和资料的存储器，同时需要时可以把它们找出来的地方。

● **精彩解读**

　　"每日备忘录"是你想记却又不愿长久记在脑海里的讯息、文件和资料的存储器，并在需要时可以把它们找出来的地方。为了让你的"每日备忘录"成为一种有用的工具，你最好养成习惯，每天早上去看看自己记了些什么事情。

　　"每日备忘表"对你做决定也颇有助益。它能抑制你的冲动，让你明智地做出判断。"每日备忘录"只是一种帮助你记忆的手段，而几乎每个人都会用这种方法提醒自己记住许多事。比如说，在台历上记着你每次看病的时间，你就设定了一定的"备忘录"。台历本身就是个"备忘录"，若你加以利用的话，它会发挥更大的效力。台历的不便之处在于：它可能太小了，让你无法把所有的事都记下来。或者它没有多余的地方，让你写得更详细些。理论上，你的"每日备忘录"该是一些大信封、卷宗、档案夹、活动封面、抽屉或盒子，从1日到30日，或从1月到12月，加以编号。

　　"每日备忘录"是你想记却又不愿长久记在脑海里的讯息。文件和资料的存储器，同时需要时可以把它们找出来的地方，为了让你的"每日备忘录"成为一种有用的工具，你最好养成习惯，每天早上去看看自己记了些什么事情。为了让它十分有用，要养成一种习惯，把你所能想到的，你现在有的、想的或做的，以及以后你想要提及的事都记在上面。比如说，你决定在下周三洗头、理发或吹风，不妨在"每日备忘录"的日期上做个记号（或者卷角也行）。要是定在星期三一大早，你可以在星期二的地方做个记号，然后移到星期三，以便再看一次。

　　现在你已知道，自己为什么不用把文件堆满床就能记得事的缘故了。把这些文件放在你的档案里，并在放置的地方和你想要使用的时间处做个记号。你可能会忘了，不过你有自信——这些文件将在预定的时间出发，并对你召唤。你可以在往后的时间里翻阅这些文件。然后，在每个月的1日打开当月的卷宗，按照预定的时间将文件放进去。只要你早上花些工夫打开当天的卷宗，就可以找到你所要的东西。你会因为没有把事情忘了而心安，你可以把回想的工夫省下来，用在其他的事情上；在适当时候，你便可知道你的约会。计划和文书工作，你也因用不着分心于其他事，而变得相当有效率。我们确信"每日备忘录"这种方法，能让你花最少时间和精力去增进工作效率。你不妨试一两个月，看看它所带来的好处吧。"每日备忘录"是一种和朋友、同事保持联络的方法。你无须因为要回信而把他们的信搁着（也许夹在一大堆文件中），你要把信件放在"每日备忘录"里。当时间到时才动手写，或打电话保持联络。它真的具有促进你与人保持联络的能力。

泰戈尔

爱是亘古长明的灯塔

泰戈尔（1861年5月7日—1941年8月7日），印度著名诗人、文学家、作家、艺术家、社会活动家、哲学家和印度民族主义者，生于加尔各答市一个有深厚文化教养的家庭。1913年他凭借宗教抒情诗《吉檀迦利》获得诺贝尔文学奖，是首位获得诺贝尔文学奖的亚洲人。泰戈尔是向西方介绍印度文化和把西方文化介绍到印度的很有影响的人物。

● 名人名言

爱是亘古长明的灯塔，它定睛望着风暴却兀不为动，爱就是充实了的生命，正如盛满了酒的酒杯。

泰戈尔的哲学中，爱是一种抽象的精神实体。泰戈尔曾说："我觉得我不能说我自己是一个纯粹的诗人。我创立了一种人生哲学，而在哲学中间，又是含有强烈的情绪质素，所以我的哲学能歌咏，也能说教。我的哲学像天际的云，能化成一阵时雨，同时也能染成五色彩霞，以装点天上的盛宴。"

● 精彩解读

曾经有人说过："诗人是人类的儿童"，泰戈尔更是一个"孩子的天使"。他的诗正如这个天真烂漫的天使的脸；看着他，就"能知道一切事物的意义"，就感到和平，感到安慰，并且知道真爱。泰戈尔的世界观是一种进化和谐论，人生观是精神主义的理想，而爱则在其中充当着沟通的桥梁。亦即"梵的现实，我的尊严，爱的福音"的具体化。对于泰戈尔来说，爱既是手段，也是目的；爱既是源泉，也是归宿。爱在泰戈尔整个思想体系的重要地位可以从泰戈尔下面的话中找到例证："世界是从爱中生的，世界是被爱所维系的，世界是向爱而转动的，人是运行于爱之中的。""爱是一切围绕我们的东西的极端的意义。"

泰戈尔所表达的爱概括起来有三种：人之爱（包括人与人之间的亲情、爱情和友情）、神之爱（追求梵我的合一）与自然之爱。而这三种爱又相互交融，彼此影响，很难截然分开。"由于他那至为敏锐、清新与优美的诗篇；这些诗不但具有高超的技巧，并且由他自己用英文表达出来，便使他那充满诗意的思想成为西方文学的一部分"，瑞典文学院授予泰戈尔诺贝尔文学奖时对他及其作品的评价，充分地体现了这一点。

泰戈尔的一生是在印度处于英国殖民统治的年代中度过的。祖国的沦亡、民族的屈辱、殖民地人民的悲惨生活，都深深地烙印在泰戈尔的心灵深处，爱国主义的思想一开始就在他的作品中强烈地表现出来，但他并不是个狭隘的爱国主义者。第一次世界大战爆发后，他先后十余次远涉重洋，访问几十个国家和地区，传播和平友谊，从事文化交流。泰戈尔的著作，尤其是他的诗，之所以能引起全世界人们的兴趣，在于他思想中高超的理想主义和体现在他作品中的文学的庄严与美丽，以及宽广博大的仁爱之情。印度人民尊崇他、热爱他，称他为诗圣、印度的良心和印度的灵魂。因为"他的诗不拒绝生命，而能说出生命之本身，这就是我们所以爱他的原因了"。

温斯顿·丘吉尔

成功就是不断失败，而不丧失热情

温斯顿·丘吉尔（1874—1965），英国政治家、历史学家、传记作家。曾于1940－1945年及1951－1955年期间两度任英国首相。被认为是20世纪最重要的政治领袖之一，带领英国获得第二次世界大战的胜利。主要作品有《马拉坎德远征记》《第二次世界大战回忆录》《英语民族史》等。1953年凭借作品《不需要的战争》获诺贝尔文学奖。获奖理由："由于他在描述历史与传记方面的造诣，同时由于他那捍卫崇高的人的价值的光辉演说。"

● **名人名言**

成功就是不断失败，而不丧失热情。

● **精彩解读**

成功是什么，对于"成功"的解释有无数。其实成功的定义十分简单而明确：成功就是达到预期的目标。成功就是怀着积极的心态，从一个失败走向另一个失败的能力。

第二次世界大战期间，丘吉尔反对过张伯伦的绥靖政策，主张联合美、苏，共同抵抗希特勒的侵略。1940年丘吉尔临危受命，就任首相，领导英国人民保卫英伦三岛，并积极展开外交活动，与美苏结盟，形成国际反法西斯统一战线，为反法西斯战争的最后胜利做出重大贡献。因此丘吉尔在英国政府下院的就职演讲时讲道："我没有别的，只有热血、辛劳、眼泪和汗水献给大家，我们的目的是什么？可以用一个词来答复：胜利，不惜一切代价去争取胜利，无论多么恐怖也要争取胜利，无论道路多么遥远艰难，也要争取胜利，因为没有胜利就无法生存。当我挑起这个担子的时候，我是心情愉快、满怀希望的。"成功不是最终的，失败不是致命的，继续下去的勇气才是最重要的。

丘吉尔曾几次竞选首相失败，但他毫不气馁，仍然像"一头雄师"那样去战斗，最后终于取得了成功。他说过："我想干什么，就一定干成功。"他不但意志坚强，而且待人十分宽厚，能够谅解他人的过失，包括那些曾强烈反对过他的人。虚怀若谷，使他摆脱许多烦恼。丘吉尔对苦难的信条:苦难，是财富还是耻辱？当你战胜了苦难时，它就是你的财富；可当苦难战胜了你时，它就是你的耻辱。丘吉尔一生最精彩的演讲，也是他最后的一次演讲。在剑桥大学的一次毕业典礼上，整个会堂有上万个学生，他们正在等候丘吉尔的出现。正在这时，丘吉尔在他的随从陪同下走进了会场并慢慢地走向讲台，他脱下他的大衣交给随从，然后又摘下了帽子，默默地注视所有的听众，过了一分钟后，丘吉尔说了一句话："Never give up！"（永不放弃）丘吉尔说完后穿上了大衣，戴上了帽子，离开了会场。这时整个会场鸦雀无声，一分钟后，掌声雷动。永不放弃！永不放弃有两个原则：第一个原则是：永不放弃；第二原则是当你想放弃时回头看第一个原则：永不放弃！

约瑟夫·罗特布拉特

几分付出几分收获

约瑟夫·罗特布拉特1908年生于波兰华沙,二战前移居英国。1995年,由于在消除世界核武器方面的杰出贡献,被授予诺贝尔和平奖。

● 名人名言

无论做任何事情都要先去付出,再谈收获。付出与收获是成正比的,有几分付出就有几分收获。

● 精彩解读

"付出"一词在多数人看来,具有消极性的意义,因为,他们只知道这个名词一半的意义——投入一些东西作为代价。这些人并不知道这个名词还有另外一半的意义,那就是"放弃你所喜爱的某些东西,以换取更高的目标,或某些更有价值的事物"。在了解及应用"付出"这个名词的整体意义之后,我们将会发现更多的喜悦、自我价值,以及获得更多的金钱。"每个想要成功的人,都应该去打几次老式的唧筒,那会给你很多的启示。"卡耐基如是说,单单抓起手柄就打水的人是打不出水来的。所有打水的人都知道,必须在唧筒上面加一点水来"装填"唧筒,打水时水才会顺利流出。在生命游戏中,在你得到某种东西之前,也要先放进些东西。不幸的是,许多人会站在生命的火炬前,说道:"火炬,请给我一点温暖,然后我给你加进一些木柴。"秘书往往会跑到老板那里说:"给我加薪,我就会做得比较好。"推销员时常到老板那里说:"把我升为销售经理,我就很会办事,虽然我一直没有做出什么,不过,一旦让我负责,我就能做得更好。所以请让我当主管,我会做给你看。"学生往往对老师说:"我若把这学期不好的成绩带回家,家人真的会罚我。所以,老师,如果你这学期给我好分数,我答应下学期会努力用功。"可是,事实却是在你期望得到某些东西前,必须放进一些东西才行，你加"进"某些东西，补偿定律就给你一些东西。

你无法从唧筒的外部看出，到底还要再抽两下或200下，才能使水流出来。在人生的游戏中，你也无法看出，明天到底会不会有重大的突破，或者更多的时间才能办到。

不管你正在做什么，只要热心，不断地做下去，迟早会有收获的，如果你在这第三个阶段贸然停下来，就无法喝到几乎要从唧筒流出的水了。幸运的是，一旦水流出来，只要再轻轻地压，便能得到你要的水。这也是生命中成功与快乐的故事。

记得一位董事长曾经这样说过："忘掉你的推销任务，一心想着你能带给别人什么服务。"他发现人们一旦将思想集中于服务别人，就马上变得更有冲劲，更有力量，更加无法拒绝。说到底，谁能抗拒一个尽心尽力帮助自己解决问题的人呢？他说：我告诉我们的推销员，如果他们每天早上开始干活时能够这样想到，自己今天要帮助尽可能多的人，而不是要推销尽量多的货，他们就能找到一个跟买家打交道的更容易、更开放的方法，推销的成绩就会更好，谁尽力帮助其他人活得更愉快潇洒，谁就实现了推销术的最高境界。

人生有这样一个道理：一个人的成就大小，大致上是与他的施予程度成正比。你施予得越多，对别人帮助越大，别人就会感激你，对你的回报也就越大。人生在世正是要努力体现自身价值，并力争社会的承认。如果你满足了大众的需要，大众也就需要你，从而你也能获得自己想要的。

同样道理，企业要成功，就不能单纯立足于赚钱，这是目光短浅的做法，而首先要立足于满足大众的需要，别人得益了，自然就会支持你的企业，最终使企业的效益得到增长。

成功导师批注：如果你投注心力在实现你的目标和梦想上，你总会有所回报的。这是人生的道理。虽然我无法预知会在何时、以何种形式回报给你，但我可以向你保证，你终会品尝到收成的果实。你投注的时间、精力会导致你的转变，这种转变会表现在某些方面，例如你的行为举止、人格特质等方面，也会逐渐反映到你对自我的认知和价值判断上，这种改变会逐渐扩大到你周围的事物。报酬不一定以物质的形态出现，但它会在你的内心起作用，由内流露于外在的种种举止、待人接物上。无论如何，你都会有所收获。

给予，然后会有所获得。吝于付出，就不会有回报，这虽然只是一个简单的原则，却是人生中最基本的道理。

弗朗西斯·克里克

惊人的成就源于超人的期许

弗朗西斯·克里克，英国生物物理学家。因为提示了生物遗传信息方面的秘密，1962 年获得了诺贝尔生理学及医学奖。

● **名人名言**

当我们回顾历史，便会发现其中的伟大人物之所以有那么惊人的成就，乃是对自己提出了超出一般人的期许。在这个期许尚未实践之前，我们便称之为"梦"。

● **精彩解读**

人人都有梦。过去的梦，可能早已被遗忘了！如果你还一直保持原先的那个梦，今天的你又会是什么样子呢？

多少人魂牵梦萦，情系往昔，慨叹风雨飘摇，逝者如斯。一些人奋力搏击出了生命力，突破了人生困境，最终成为其他人效法的典范……"打心底里我相信自己有不凡的才干，能做出伟大的事情，而现在，为什么是这样，而不是那样的呢？其实，你和我也都能活出不凡的生命力，只要我们拿出勇气；相信有能力面对人生中的各种挫折，并拿出相应的行动，你和我同样能突破人生的困境"。

花点时间。此刻就来做个梦！不管这些目标怎样，对我们人生都影响重大。要好好思索那些想达到的目标，挑出一个最让你动心的目标。这个目标会使你晚睡早起才行，这样才能启动你的创造力，引发你的热情。一个人的成就多少比他原先的理想要小一点，所以梦想你的未来时，眼光要远大才好。

"我希望有一栋别墅，房屋是白色圆柱所构成的两层楼建筑，四周的土地用篱笆围起来，说不定还有一两个鱼池，因为我们夫妇俩都喜欢钓鱼。我还要有一条长长的、弯曲的车道，两边树木林立，但是一间房屋不见得是一个可爱的家。为了使我们不仅有个可以吃、可以住的地方。我还要尽量做些值得做的事，同朋友们一起聚会，等等。""10年以后，我会有足够的金钱与能力供全家环游世界。这一定要在孩子结婚独立以前早日实现。如果没有时间的话，就分成四五次做短期旅行，每年到不同的地区游览，所以要实现这些计划，必须加倍努力才行。"

这是一个人的"未来蓝图"，也许对于现在的你只会是一个梦想，"环游世界"也许离现今的状况太过于奢望，但你又怎会知道未来的某一天这些不会成为现实呢。一个人除非怀有迫切要求成功的愿望，乐意去做，否则做不出什么大事。妥善运用你"渴望成功的需求"，往往会产生惊人的力量。

我们的人生有何种成就，到底取决于什么？答案乃是当初所做的决定。当我们做出决定的那一刻，命运也就注定了！你的梦能实现到什么程度，就看你给它定的界线何在！此刻就让你的梦具体化，随后好好想想，如何实现它的计划。

在追求你确定的梦，也就是实现目标的过程中，我们往往会做出惊人的成绩和意想不到的结果，就像蜜蜂寻求生命意义的过程。难道蜜蜂是存心为花朵传递花粉吗？不是的。它的目标是花蜜，可是在寻找的过程中，它的腿上沾滴了花粉，等到飞到其他花朵上时，神奇的生命连锁反应就开始了，结果是漫山万紫千红！同样的道理，在通往你梦的旅途中，你会惊喜自己实现梦想的任何意外之结局。它往往成为你生命永恒的收获。

人生实在宝贵，它赋予我们每个人独特的权利、机会和责任，只要我们有心去耕耘就会结出丰盛的果实。到底是什么因素决定了我们每个人的不同命运？为什么有的人虽身处困顿的环境却能开创出不凡的人生，而另一些人却在优裕的环境中毁掉了自己的一生？关键的因素可能还是你自己的人生目标。

花点时间做个白日梦也不错，受限于时间、能力，很多事情你只能在心里想想，却永远无法办到。与其怀着感叹的心过日子，倒不如以这些期盼为蓝本，在心中构筑美丽的梦境，一偿夙愿。

很多看来美好的事物，当你企求不着时总是羡慕得很，一旦如愿却又常有不过如此的感觉。是的，我们常是隔着一层面纱看世界，这层纱有可能是实质的，更有可能是无形的。一方面，因为不管是文字的过度形容也好，透过聚焦等摄影技巧也罢，我们透过别人建构出来的景象去看世界，总是会模糊了事物的真实面貌。另一方面，我们基于对现实环境的不满，也会产生移情作用，将自己所向往的境界融入我们的所见所闻，当然看不见事情的真相。而这一切都得在亲眼看见之后才能拨云见日。

弗雷德里克·班廷

认识自己的潜能

弗雷德里克·班廷是加拿大医药学家。因为发现了能够治疗糖尿病的胰岛素，1923年获得诺贝尔生理学及医学奖。

● 名人名言

不管是从事何种行业的人，都必须认识自己的潜能，确定最适合自己的发展方向，否则就很可能会埋没了自己的才能。

● 精彩解读

今天，人们开始比以往更多地考虑从为数众多的可能性中为自己选择职业。职业选择的过程是一种决策过程，是将个人特点与工作需求最大限度地相匹配的过程。就像世上没有完全相同的两片树叶一样，世上也没有完全相同的人。每个人都具有独特的、与众不同的心理特点，也总存在着一些更适于他做的工作。

我们不赞成两种极端的观点。一种极端的观点认为：每个人都可能在任何工作上获得成功，每种工作都可能由任何人做。这种观点是站不住脚的。很显然，一个有色盲的人就不能胜任从画家到化验员的许多种工作；许多人由于自身生理、心理特点的局限，不能成为一名高速战斗机的驾驶员。另一种极端的观点认为：对于每个人来说，都存在着一种最佳职业，对于每一种工作来说，都存在着一类最佳人选。这种观点也是站不住脚的。事实上，对于具有某种生理、心理特点的人来说，他都可能在若干职业上获得成功。这些职业对人的生理心理特点有相似的要求。例如，对于一个思维敏捷、擅于言谈、性格外向、喜好与人交往、有感染力的人来说，他既可能在政治领域中获得成功，成为一位出色的政治家，他也可能在经济领域中获得成功，成为一位有名的企业家。对于某一种特定职业来说，也可能由具有非常不同的生理心理特点的人来完成。例如，一个成功的军事家，既可能像苏沃洛夫那样具有暴躁、外向的性格，也可能像库图佐夫那样具有稳重、内向的性格。

我们认为，只有很少的人可以在几乎一切工作上都能得到满足，获得职业上的成功；只有很少的工作是几乎任何人都可以胜任的，即使是这种几乎什么人都可以胜任的工作，也并不能给所有的人（甚至不能给多数人）带来满足感。对于大多数人来说，总有一些工作更适合他的特点；对于大多数工作来说，也总有一些更适于承担之人。为了获得职业上的成功，为了生活得更好，有必要更多地了解和更准确地认识自己的心理特点，更多地了解自己的长处和短处。

演技派电影明星达斯丁·霍夫曼在"金球奖"的颁奖典礼上接受终身成就奖时，提到一个真实的小故事。数年前，有一次，他为了《毕业生》那部电影宣传，碰巧与音乐大师史达温斯基在同处接受访问。主持人问起史氏。何时是他一生当中最感到骄傲的时刻——新曲的首度公演？功成名就、掌声四起？史氏都一一否认。最后，他说："我坐在这里已经好几个小时了，这期间，我一直不断地在为我新曲中的一个音符绞尽脑汁，到底是'1'比较好？还是'3'？当我最后找到众里寻他千百度的那一个音符的一刹那，是我人生中最快乐、最骄傲的时刻。"霍夫曼说，他被大师感动得当场哭了起来。

如同伟大的作曲家心无旁骛、孜孜不倦地寻找一个最能感动他的音符一样，不管是从事何种行业的人，都必须认识自己的潜能，确定最适合自己的发展方向，否则就极可能会埋没了自己的才能。对于科学人才来说，也有许多自我埋没的现象。爱因斯坦大学时的老师佩尔内教授有一次严肃地对他说："你在工作中不缺少热心和好意，但是缺乏能力。你为什么不学医、不学法律或哲学而要学物理呢？"幸亏爱因斯坦深知自己在理论物理学方面有足够的才能，没有听那个教授的话。否则，也许我们的物理科学就不会像今天这样了。所以，每一个人都应该努力根据自己的特长来设计自己、量力而行。根据自己的环境、条件、才能、素质、兴趣等，确定主攻方向。不要埋怨环境与条件，应努力寻找有利条件；不能坐等机会，要自己创造条件；拿出成果来，获得了社会的承认，事情就会好办一些。从事科学研究的人不仅要善于观察世界，善于观察事物，也要善于观察自己，了解自己。

纳丁·戈迪默

最大限度地使用时间会使成功翻倍

　　被誉为"南非的良心"的犹太裔女作家纳丁·戈迪默，以其"洋洋大观的史诗般的作品对人性的发展做出贡献"，而获得1991年度诺贝尔文学奖。瑞典皇家文学院在颁给她这项大奖时说："在那个盛行书刊检查与处决文人的警察极权国家中，她不畏一切地从事自己的创造活动，已经使她一跃成为南非写作队伍中一个强有力的队长。"

● **名人名言**

　　最大限度地使用时间，使成功的价值翻倍，往往使你在不经意间拉开差距获取成功。

● **精彩解读**

　　人获得最平常的资产也许就是时间。对时间的不同运用，往往会使人生变得富有或者不富有。对时间不同的使用方法可以和他人拉开差距，但是如果单纯地靠时间的堆积还是不行。如果像一些人一天只睡两三个小时，那显然身体会遭受损害。然而，如果在有限的时间里集中精力，则工作效率就会提高，取得事半功倍的效果。

　　以上，我们很容易理解，时间作为一种无形的资产是可以通过集中精力、有效使用而增加其价值的。而相反无论花多少时间来学习、工作，如果你不是集中精力的，则是对时间的浪费。

　　那么，怎样集中精力、提高时间的价值呢？

　　1. 环境的问题。比起喧嚣，无疑寂静的环境更能集中精力，利用他人睡觉的时间或在他人还未起床的清早也可以。因人而异，有早上型和晚上型。有必要了解自己属于哪一类，但不能总是依赖环境。如果养成不在寂静的环境就不能集中精力的习惯，白天的时间就很容易被浪费掉。

2. 意志的问题。现在不做则没有将来，坚强的意志会唤起精力集中。"不要手拿两根箭，回头看一根时，就忽视前一根"，这是出自日本吉田兼好《徒然草》中的一节。今天不做还有明天，现在不做还有时间，如果有一点点这种心理，对集中"现在"的精力就会变得迟钝。以现在的心情背水一战，现在就必须做。这种追赶自己的态度，有助于集中精力。

3. 明确时间的划分。换句话说，就是对时间的使用方式迅速果断地处理，总之，绝不能拖拖拉拉。如果想休息5分钟，就踏踏实实休息5分钟，在那个时间里把刚才在做的事完全忘掉。5分钟以后，再马上开始。一般的经验是休息以5分钟为宜。如果休息10分钟，则会变得精神松懈。

另外，不休息也不行。因为精力的集中有极限，不管意志多么坚强，过了一定的时间无论如何速度也会缓慢下来，意识也会变得散漫起来。

为了明确地划分时间，头脑的切换至关重要。有能力的人一般擅长于此。似乎身体，安有开关似的，干脆果断地变换行动。这也是训练。通过训练是可以给身体安上开关的。不擅长的人从今天起可以训练看看。意识到开关，如有必要，则说出声来："现在开始转入下一个行动。"于是马上变换行动，在有意识地进行这种训练的过程中，自然会成为转换的能手。集中精力的程度会连自己都感到吃惊。对时间的使用方式最后追加一次，即任何时候都要向时间的终点全力冲刺。这与变换开关有关，意识决定几点钟之前做什么，在其时间到来之前毫不松懈地干到最后。

● 小 资 料

《我儿子的故事》是纳丁·戈迪默写于1990年的一部作品。本书完全以一个黑人小男孩的眼光看南非的现实。黑人社会活动家索尼的儿子威尔，无意中发现自己崇敬热爱的父亲和一个白种女人在一起看电影，猜忌、愤恨由此产生……原本和睦温馨的家庭也被笼罩上一层阴影。索尼失去了儿子的爱。女儿贝比由于不堪家庭的特殊氛围和严酷的社会现实，企图自杀未遂，后又偷越国境参加了自由战斗队。他妻子后来虽也成为一名革命同志，但与他之间的隔膜却永难消除。这是一个家庭悲剧，也是一个社会悲剧。戈迪默作为白人而生活在白人统治下的南非，其处境优于一般黑人，却能抛弃白人惯有的优越感和统治心态而去正视南非的不公正现实，其博大的胸怀、高尚的同情心、敏锐的洞察力是难能可贵、令人钦敬的。

威廉·奥斯特瓦尔德

每天读书至少10分钟

威廉·奥斯特瓦尔德，德国化学家。因为在催化、化学平衡和反应速度方面的开创性工作，1909年获得诺贝尔化学奖。

● 名人名言

我希望现在的青年每天读书至少10分钟。每天抽出一点时间来读书，将为你今后的工作、生活带来精神上的极大丰收。

● 精彩解读

高尔基曾说："书籍是人类进步的阶梯。"对于这个"阶梯"的理解，应该是人们一生的经历有限，不可能每件事情都通过自己的行动来获得知识，那么就只能依靠书籍。书籍是人类知识的载体，它记录了人类千百年来的每一点进步。通过阅读不同的书籍，掌握各个时期、各个种类的知识，这就是读书的真理。一个没有书籍、杂志、报纸的家庭，是缺乏动力的，人们只有通过经常接触书本，才能对学习产生兴趣，才能在不知不觉中增长各种各样的知识，才能不与社会脱节。

耶鲁大学的校长海德雷说："在各界做事的人。无论是商业界、交通界还是实业界，都这样向我说，他们最需要的人才是大学学院培养的、能善于选择书本、能活用书本知识的青年。而这种善用书本、活用书本能力的最初培养，最好是在家庭中，尤其是在那些具备各类书籍的家庭中。"可见，一个家庭的藏书对于自己、对于孩子的未来都是十分重要的。聪明的学生在学生时代就养成了一种重要的能力，那就是怎样从一个汗牛充栋的图书馆中，善于辨别选择书籍，以供阅读。这种能力将对他的一生产生很大的影响，因为掌握了如何在图书馆里寻找自己需要的书籍、资料，就等于掌握了怎样学习的方法。"工欲善其事，必先利其器。"这就像是一个工人善于选择工具一样。一个人，若是能养成每天读10分钟书的习惯，则数年后，必判若两人。一位前任的哈佛校长这样告诫他的学生。但是，读书不能不求甚解，对书籍的钻研是一个人从书本中获取新知识的重要途径。

朱熹读书十分刻苦用心，与他同龄的孩子仅满足于读书、识字、背诵，他却更倾向于用心去体会圣人所讲的道理。他常常为一句话所含的意义而食不甘味，夜不安寝，一旦他领悟了各中道理，便又高兴得不能自禁。朱熹不仅读书刻苦，而且非常善于总结学习方法。他喜欢博览群书，但从不贪多贪快。他认为，读书不明其中道理，就算读得再多也没有用。早年他在读《周礼》时，听人说《周礼》的每一句话都仿佛从圣人心中自然流出。但当时不甚理解。后经多年研读、揣摩，终于豁然开朗。他曾比喻说这就好像以前只听说糖是甜的，盐是咸的，今天亲自尝到了，才真正明白了何为糖甜、盐咸。他还形象地把读书比做射箭，刚刚练习时，只要射到箭靶上就行。但经反复训练，最终要射中靶心，否则也就不能说学会了射箭。朱熹认为，读书的目的在于弄懂书中的义理，而后照着这些义理去做。他说，十七八岁时读《孟子》到20岁，只能逐句去理会。以后才明白，书中很多长段是首尾相连的，不能割断了它们的联系，只有把大段的文字综合起来理解，才能得到其中的真谛，朱熹读书还十分讲究循序渐进的方法。他认为，读书都有一个由浅入深的过程，比如在先读《论语》，再读《孟子》；先读《论语》的"学而"篇，再读"为政"篇。读某一本书或某一篇时就要读到把它弄懂为止，再接着读下面的内容。这样，读到融会贯通的地步就可以说把知识学到手了。

朱熹不但爱读书，而且会读书。他早年兴趣广泛，禅、道、楚辞、诗、兵法样样涉猎。但后来，他又转向专攻儒家经典研究。这"一博""一专"，为朱熹的学术研究打下了坚实的基础。

读书破万卷，下笔如有神。每天抽出一点时间来读书，将为你今后的工作、生活带来精神上的极大丰收。

维克多·格林尼亚

正确决策　避免盲目

维克多·格林尼亚，法国有机化学家。1871 年 5 月 6 日生于法国瑟堡，格氏试剂的发现者，1912 年获得诺贝尔化学奖。

● 名人名言

人生最可怕的是处于盲目状态。盲目行事，是许多人之所以不能冲破人生难关的根本，而真正能够冲破人生难关的人都有一个良好的习惯：在做事之前，一定要决策正确，没有正确的决策，等于已经走向了失败。

● 精彩解读

决策决定行动的方向。那些冲破人生难关的人，都是正确决策的操纵者。

正确的判断是冲破人生难关者一个经常需要训练的素养。保持冷静的头脑首先要相信自己的头脑，不要由于缺乏必需的力量，就否定一个可能的观念或构想。反之，你要执着于伟大的，值得为之奋斗的构想，就要克服各种难题。

如果在做事之前没有正确的判断。很难想象一个人要想成大事，去发挥自己的所谓生存的优势，是多么可笑的一件事。但愿你不是被笑的对象之一。

盲目行事，是许多人之所以不能冲破人生难关的根本。而真正能够冲破人生难关的人都有一个良好的习惯：在做事之前，一定要决策正确，没有正确的决策，等于已经走向了失败！

决策决定行动的方向。那些冲破人生难关的人，都是正确决策的操纵者。很显然，冲破人生难关源自正确的决策；正确的决策源自正确的判断。人生中那些看似错误或痛苦的经验，有时却是最可宝贵的财产。

在你综观全局、果断决策的那一刻，你的人生便已经注定。两智相争勇者胜，冲破人生难关者之所以成功，乃是由于他决策时的智慧与胆识，能够排除错误之见。正确的判断是冲破人生难关者一个需要经常训练的素养。为什么呢？因为没有正确的判断，就会面临更多的失败和危急关头。在失败和危急关头保持冷静是很重要的。有人面对危难，狂躁发怒；而冲破人生难关者却临危不乱，沉着冷静，理智地应对危局。在平常状况下，大部分人都能控制自己，也能作正确的决定。但是，一旦事态紧急，他们就自乱脚步，而无法把持自己。其实，只要你肯花全部时间精力去开拓人力与财力的资源，那么对你而言，几乎没有事情办不到的。任何时候，我们都应该记住，我们自己的潜能还远远没有发挥。科学家告诉人们，平时使用的潜能充其量也只有我们全部潜能的十分之一。这话可能有点笼统。但有一点可以肯定：如果我们有较强的自信心，我们的表现会比现在更好。冲破人生难关者善于强化自己判断的习惯，从判断的习惯中找到突破常规的办法，又从办法中找到新的创意。这样他们就超出了一般人的正常判断，很容易在智力上超过别人。

● 小 资 料

格林尼亚在青少年时代曾经是个游手好闲、荒废学业的"二流子"，家庭的优裕和父母的溺爱使得他放荡不羁，整天吃喝玩乐。但是，一次偶然的机会使他猛醒：在他21岁那年的一次舞会上，一位美丽的姑娘引起格林尼亚的注意，他走上前去邀请姑娘，却被姑娘冷冷地拒绝了。格林尼亚以为自己冒昧，连忙表示歉意，姑娘却冷冷地说："请站远一点儿吧，我最讨厌像你这样的花花公子挡住视线。"这话恰似当头一棒，如利剑般深深地刺痛了格林尼亚的心。回家后，他下决心悔改，要做一个对人类有用的人。从此，他埋头苦读，仅用了两年的时间就补上了荒废的学业，考上了法国里昂大学。他以严谨的科学态度发现并纠正了著名化学家巴尔尼教授的一些疏忽和错误，发明了"格氏试剂"，里昂大学破格授予他博士学位，他成为诺贝尔奖的获得者。人和任何事物一样，都是发展变化的。在发展过程中内因是根据，外因是条件，外因通过内因起作用。格林尼亚变化的内因在于他的自尊心、自信心和后来埋头苦读钻研，外因是姑娘的严厉批评和强烈刺激。外因通过内因起作用使他猛然醒悟，终于成为诺贝尔奖的获得者。

汉斯·德默尔特

充满自信地大声讲话

汉斯·德默尔特，美国物理学家。因为制造冷却捕集电子的方法，1989年获得诺贝尔物理学奖。

● **名人名言**

无论任何时候我们都要充满自信地大声讲话。要声音响亮、吐字清楚。

● **精彩解读**

说话的声音有各种各样：大声、小声、高声、低声、粗声、细声、容易听到的声音、不容易听到的声音。据说根据一个人的声音的质量和回声，可以对他的性格有个概括的了解。

态度消极的人、自卑感强的人、缺乏勇气的人、没有自信的人说起话来低声细语，就像蚊子叫似的。他们的声音没有抑扬顿挫，没有感情起伏，话讲完后显得无精打采，如同丢了尾巴的蜻蜓那样无声无息。所以经常一句话要重复多遍别人才能听到他们在说什么，这就使他们更加丧失信心，说话成了一种负担，说话的声音也就越来越小了。

也许你会怀疑，实现成功和大声说话到底有什么关系呢？回答是关系重大。你若希望在健康、自信地适应社会的同时，按照自己的信念去获得成功，说话声音的大小则起着重要的作用。小声说话表明一个人的怯懦，大声说话表明一个人的坚强。坚强就能带来自信，使人积极向上，而且能使潜在意识转化为行动的力量。无论是政治家，还是实业家，无论是有能力的人，领导类型的人，或是管理类型的人以及活跃于新闻界的评论家等等，他们讲话的声音总是大得非同凡响。因为大声说话可以压倒听众，甚至连诡辩之词也会因为自信地大声重复而被人所接受。原因在于宏大声音产生的威慑力量使人们丧失了对诡辩之词的鉴别能力。相反，若由于周围的气氛而提心吊胆、恐惧不安的发言的话，即使你的意见再正确，也不会引起与会者的足够重视。

自己认为正确的东西就应堂堂正正地大声讲出来，哪怕是在聊天，也不要忘记这一点。心里怎么想就把它清楚而大声地说出来，时常这样练习，直到成为习惯为止。这就可以使你在处理人际关系中充满自信，同时也可以使自己从忧郁的情绪中解脱出来。

● 相关链接

德默尔特出生于德国，他的童年正好是德国在第一次世界大战中战败、经济发展受到限制的时期。经济的萧条，使得德国社会矛盾突出，社会治安状况极为混乱。小德默尔特也受到了这种影响。他认为学习根本没有用处，因此整天在大街上游荡，甚至想成为一个街头的霸主。但是他的这个"美梦"很快就破灭了。

一次，他和同学发生了矛盾。那个同学是一个留级的学生，年龄要比他大，并且长得很强壮。他们很快就发展到以"武力"来解决的地步。在这场实力悬殊的较量中，结果是可想而知的。小德默尔特被打得鼻青脸肿。经过这次事件，他明白了当霸主也是需要条件的，比如强壮的身体和好斗的性格。他放弃了这个有点荒唐的想法，改变了自己的目标，不再到大街上闲逛。他开始在家里摆弄一些小玩意儿并且开始自己动手做。

德默尔特的母亲希望孩子长大以后能够有出息，因此总想为儿子找个好的学校。当地有所学校很有名，是柏林市最古老的拉丁语学校。但并不是所有的人都可以进去学习，这个学校有严格的入学考试，只有通过考试的人才能进去学习。经过成熟的考虑，母亲决定让儿子去试试。没想到，小德默尔特不仅顺利通过了考试，而且还获得了学校的奖学金。

为了鼓励自己的儿子，父亲买了很多关于发明家的书、百科全书以及一套小工具送给了儿子。父亲买的书里面，那套百科全书很快成了小德默尔特的最爱。从那本书里，他明白了很多原理，更重要的是激发了他对物理学的兴趣。那时候，只有高年级才开设物理课。小德默尔特只能凭着兴趣自己学习。家里的书看完以后，他就到公共图书馆里去找，他不仅看比较浅显易懂的科普类图书，而且还看波尔、巴勒莫等物理学大师的书，尽管有的知识他根本看不懂。回到正常学习道路上的小德默尔特如饥似渴地学习着，最后在科学的道路上成了"霸主"，在物理学上取得了巨大的成就。

罗尔夫·金克纳格尔

珍爱自己

罗尔夫·金克纳格尔，瑞士人，因提出两个免疫学原理，获得1996年诺贝尔生理学及医学奖。

● 名人名言

作为人生的第一信条就是珍爱自己，一定要自己懂得爱惜自己，钟爱自己。

● 精彩解读

有的人非常讨厌自己，他们甚至抱怨道："我讨厌自己的脸，我为什么要来到这个世上呢？"可是既然已经来了，在你的有生之年就非得和自我打交道不可。人世间最大的不幸莫过于那些生而厌生者，他们每天如坐针毡似的驱赶自己走向死亡。虽然与别人的愿望相同，但他们却要将自己领进毁灭自身的困惑之中。每个人的人生，如果不是快乐地、充满希望地为实现自己的目标而奋斗的话，生活就失去了意义。

因此，作为人生的第一信条就是珍爱自己，而那些讨厌自己的人却偏要认为"自己是个无聊的人"或者"自己是个不能为社会和他人谋一丝福利的人"。要知道社会的分工不同，就像古时候有坐轿子的人，还有抬轿子的人与做草鞋的人。社会上有一种风潮，认为坐轿的人是伟人。于是很多人都想当"坐轿子"的人。可是你想过没有，如果所有的人都坐轿子的话，谁来抬轿子呢？这不就成了大问题了吗？所以，抬轿的人与做草鞋的人都是必不可少的，不珍爱自己的人一心只想"坐轿子"，可达不到目的时，他们又会变得很自卑。重视自己生活方式的人，有主见的人，对于他人是坐轿子，还是干什么别的工作都不放在心上。他们的生活准则是，走自己的路，不管别人说什么。因而不打肿脸充胖子，也不去赶时髦和做力不从心的事。

应该知道，你在世界上独一无二，即使找遍整个地球，也只有一个你。世上根本不存在和你丝毫不差的复制品，仅此一点就有了足够的存在价值。要感谢上天赋予你生命，要万分珍爱你自己，否则的话，会得到上天的惩罚。

人活在世上即便是"抬轿子""做草鞋"也要光明磊落，尽可能地多做好事，看到地上有废纸就把它扔到垃圾箱里，如果坐车时眼前站着老人，就把自己的座位让给他们，为别人做好事会得到感谢的回报。这样，你就会得到一种心灵的满足，真正感到自己存在的价值。你就会从讨厌自己变得喜欢自己，就会萌发一种"我对社会也有作用"的念头，就会感到前程远大而光明，而且你也会生活得更悠闲、惬意、快乐。

● 小 资 料

热爱自己是获得幸福生活的先前条件，而讨厌自己则会感到生活非常痛苦。热爱自己的方式多种多样，充分利用自己的照片就是其中之一。

在你的影集里一定收藏了很多照片，你可以从中找到许多不同的自我。当你看到最不喜欢的表情时，被一种低沉的情绪和随之而来的寂寞感所控制。那么，你就该另辟蹊径，去把你最中意的照片找出来，认真注视它。于是立刻又会产生一种慰藉感，而且越看越兴高采烈。这时也许你会情不自禁地自言自语道："你看这小伙子多帅，肯定是个有用之才。"

每天都去欣赏你最喜欢的照片，你就会得到一些极有益的启示，把你最得意的照片挑选出来，把它们放大后装入金边镜框里，然后挂在屋中最显眼的地方。每当你看到它时，你的心中就会条件反射出一个明快、健康的自我。从此，你会觉得信心百倍、干劲冲天，敢于向一切困难进行挑战。与其注意电影明星的广告，不如认真地创造并欣赏自我。

亨利·莫瓦桑

我行我素

亨利·莫瓦桑，法国人，著名化学家，首次从溶液中提取了单质氟，后又发明了高温电炉，1906年获得诺贝尔化学奖。

● **名人名言**

我们要按自己的生活方式来生活，我行我素。

● **精彩解读**

古语道："识时务者为俊杰。"这里所说的俊杰并非人们刻意创造或虚伪修饰出来的角色，而是通过实践证实了自己才能的人。所以我们要按自己的生活方式来生活，我行我素。人生的失败就是不知道什么是自己的生活方式。通过认真反省才发现，他们经常把精力用在一些自己不想干的事情上。所以，他们找不到真正的自我。而为了维持现状，他们又不得不疲于奔命，你属于哪种类型的人？

是什么将成功者与失败者截然分开的呢？那就是每个人过去的历史。从人降生到现在，一切经历都记录在潜在意识中了，我们把它重演出来就会产生效果。

失败者常被过去所束缚。他们总是在同一基础上原地踏步，而且不重视现在，不能把握今天，总是为过去的不幸而叹息。他们常常喜欢说："那件事要是没有发生的话……""父母要是从小好好管教我的话……"等等，要么就是极为怀念以往的生活，"那时候真好"，"真想再回到从前。"总之，他们就是不面对现实。

成功者则相反，他们非常重视今天，他们既回忆过去，又生活在现实中；既认真过好每一个今天，又憧憬着未来。自由自在地生活使他们感到生的快乐和热情所带来的活力。不为过去所束缚，充实地生活在每一个今天之中，这样他们就成了真正识时务的俊杰。工作时，集中精力、忘我奋斗；游玩时，带者童心、充满乐趣；进餐时，津津有味地品尝佳肴；看到花能感到它的美丽；见到生人，能应对自如；对于自己有意的异性，不仅能产生爱慕，而且总能最先奉上自己的爱。

失败者的人生则与之相反，从一开始起，他们就没有信心，不能表现自己的真实感情，而只能把它们深深地埋在心里。自己所有的一切打算、目标、愿望、期待等将成为泡影。其实，有些人具有相当大的潜力，但本人并没有认识到这一点，却让这种潜力深埋在他们的心底，庸庸碌碌地过一生而得不到社会的承认。听其自然，顺其自然，面对现实，把握今天。

● 相关链接

用自学的知识，解救中毒人，一举闻名巴黎

"救救我!救救我吧!"一个中年男子双手按着腹部，吃力地向巴黎的一家药房走来。他大口地喘着气，冷汗顺着面颊流下来，额头青筋暴起，难忍的痛苦使他眼斜鼻歪，神情十分吓人。他摇摇晃晃地向前迈了两步，便无力地倒在地上。很快街上的人围了过来，药房的人也都放下手中的工作，出门察看发生了什么事情。老药剂师蹲下身，轻声地问道："你哪里不舒服?""哎呀！肚子痛，痛死我了，我……我误食了砒霜，我中毒了。救救我吧!"中毒的中年男子有气无力地说着。老药剂师摘下眼镜，望着蓝天，用手在胸前画了个"十"字，"天哪!"他看了一眼在地上抽搐的中毒者，"晚了，晚了。早一点来，或许……现在已经太晚了，谁也无能为力了。"老药剂师擦擦头上渗出的汗珠，脸色苍白，呆呆地站在一边。"让我来看一看，也许还有救。"一个18岁左右的年轻人从人群中挤出来。他是才到药房来做学徒的，人们都把目光集中到学徒身上。他，一个年轻人有这么大本事吗?只见这个学徒转身走进药房，站在药橱前，先取下了一瓶酒石酸锑钾，这是能够引起呕吐的药品。然后又取下几瓶药，量好了药量，配制成解药，亲自把药喂到中毒者的口中。服药后，中毒者的症状逐渐减轻，一个眼看就要死亡的人得救了。这件事很快就传遍整个巴黎。这个学徒就是后来成为著名化学家的亨利·莫瓦桑。

欧文·张伯伦

没有理想和抱负是悲剧人生

　　欧文·张伯伦，是加州大学柏克莱分校的教授，他与同事塞格雷教授，因为发现「反质子」，所以共同获得1959年的诺贝尔物理学奖。这项发现被诺贝尔奖评审委员会赞誉，为粒子物理学领域展开全新的一页。欧文·张伯伦不仅是杰出的物理学家，而且也一直投身于社会运动和人道活动，不过欧文·张伯伦晚年，长期为帕金森氏症所苦。张伯伦是柏克莱最佳的研究人员典范，也是充满智能、天赋且关心世界的老师。

● **名人名言**

没有理想和抱负是悲剧人生。对于那些从来不尝试着接受新的挑战，无法迫使自己去从事那些对自己最有利却显得艰辛繁重的工作的人来说，他们是永远不可能有太大成就的。

● **精彩解读**

　　人当有大志。如果一个人胸无大志，游戏人生，那是非常危险的。我们到处都可以见到这样一些人，他们有着良好的装备，具备一切理想的条件，而且也似乎是正在整装待发，然而，他们行动的脚步却迟迟不见挪动。造成这一现象的原因在于，在他们身上没有前进的动力，没有远大的抱负。

　　一块手表可能有着最精致的指针，可能镶嵌了最昂贵的宝石，然而，如果它缺少发条的话，仍然毫无用处。同样，人也是如此，不管一个人受过多么高深的教育，也不管他的身体是多么的健壮，如果缺乏远大志向的话，那么他拥有的条件无论是多么优秀都没有任何意义。

　　有一些人颇具才干，他们却说并不知道自己适合做什么。对于这样的人来说，即便是才华横溢，也会在漫无目的东碰西撞中磨蚀掉身上的锐气，甚至终生平庸。

大凡有雄心抱负者必有证。通常在人很小的时候就初露锋芒。如果我们不注意仔细倾听它的声音，如果它在我们身上潜伏很多年之后一直没有得到任何鼓励，那么，它就会逐渐停止萌动。

这是自然界的一条定律，只有那些被经常用的东西，才能长久地焕发生命力。一旦我们停止使用我们的肌肉、大脑或某种能力，退化就自然而然地发生了，而我们原先所具有的能量也就在不知不觉中离开了我们。

如果你没有去注意倾听心灵深处"努力向上"的呼声，如果你不给自己的抱负时时添料加油，如果你不通过实践有效地对其进行强化，那么，它很快就会萎缩死亡。

没有得到及时支持和强化的抱负就像是一个被无情拖延的决议，随着愿望和激情一次次地被否定，它要求被认同的呼声也越来越微弱，最终的结果就是理想和抱负的彻底死亡。

芸芸众生中，这种最终抱负死亡、理想丧失的人数不胜数。他们在这块大地上行走，却仿佛只是没有灵魂的行尸走肉。他们的生活也就变得毫无意义。不管是对他们自己还是对这个世界，他们的存在都变得毫无价值。

如果说在这个世界上存在着一些可怜卑微的人的话，那么毫无疑问，那些抱负死亡的人是属于其中的一类——他们一再地否定和压制内心深处要求前进和奋发的呐喊，由于缺乏足够的燃料，他们身上的理想之火已经熄灭了。

对于任何人来说，不管他现在的处境是多么恶劣，或者先天条件是多么糟糕，只有保持了高昂的斗志，心中的热情之火仍然在熊熊燃烧，那么他就是大有希望的。但是，如果他颓废消极，心如枯木，那么，人生的锋芒和锐气也就消失殆尽了，希望也就荡然无存了。

在我们的生活中，最大的挑战之一就是如何保持对生活的激情，坚定明确的奋斗目标，永远让炽热的火焰燃烧，并且保持这种高昂的境界。记得了这一切，就赢得了世界。否则，我们只能以惨重的失败收场。

加洛斯拉夫·海罗夫斯基

积极心态是成功的驱动力

加洛斯拉夫·海罗夫斯基，捷克斯洛伐克化学家，因创立极谱学理论并发现"极谱法"于1959年获得诺贝尔化学奖。

● 名人名言

积极心态是成功的驱动力。人们要常常心存良好的期待，期待着将来能前程似锦，能充满着光明与希望，期待着自己将来的志愿与梦想终能实现。因为从这种期望中，人们是可以生出无穷的力量来的。对生命最有帮助的，莫过于在心中怀着一种乐观的期待态度———一种只关注与期待那些最好、最高、最快乐的事物的态度。

● 精彩解读

对于自己的前程有着良好的期待，这足以促使人们奋起而努力。人们期待成家立业、安富尊荣，期待着自己在社会上占有一席之位，甚至崭露头角。这种种期待，都能驱策人们努力奋斗。

世界上有许多人，他们都自以为世间有种种的幸福安乐，以及种种的高等物质享受，然而他们哀叹那都不是为他们而设的。他们顽固地相信，那些东西只有别人才能享受，自己对这些是没有份的。

但是，为什么他们与别人拥有不同的生活，别人有份，他们没有份呢？就是因为他们自认为自己是与别人不能相提并论的；认为自己是属于下等的；就因为他们自暴自弃。上苍是没有什么方法可以使人们得到世间的种种幸福的，假使你总是志趣卑微自甘堕落；总是对自己没有多大的期待；总是不相信世间的种种幸福是可以属于你的，你自然只能渺小卑微地度过一生了。人们的各种机能，都服从于自身意志的命令，所以人们的意志期待它们做什么，它们就做什么。假如人们的期待越大，要求得越迫切，而且一定要它们按自己的意愿行事，那它们自会顺从我们的意愿而行动。

● 小故事

一般美国大学的篮球队员个子都非常高，几乎可以和长颈鹿大眼瞪小眼。相形之下，贷顿大学篮球队的吉斯·布瑞斯威尔真是矮得令人难以置信——只有1米52，他比该校校史上最矮的队员还矮6厘米。布瑞斯威尔非常敬佩NBA常胜军夏洛特黄蜂队1米6的布吉斯，后者又比第一个真正在NBA球赛中扬名的矮球员史巴德·韦伯矮上一截。

最奇妙的是他的动作灵敏无比，三分球几乎从不失误，控球技术绝佳，就连篮板球都十分了得，正如对方教练所说的："吉斯是个有心人，他的热情及热忱鼓励了观众。"吉斯·布瑞斯威尔给所有身材矮小——甚至身材有缺陷——的人一样最好的礼物，那就是"希望"。这个故事告诉人们：测量一个人的身高、体重非常容易，但任何仪器都无法测量出那位教练所说的"心"。只要能确认、运用、完全发挥内在的能力，人生的路将是无限的宽广。

每个人都可以向这个年轻人看齐，重建自己的希望。期待自己做成大事业的心理，最能发挥人们的能力，唤起人们潜伏的力量。这种力量要是没有重大的期待，迫切的催唤，它们是会被永久埋没的。

你应该有坚强的自信，相信你自己总是达到你所有的理想。对于你自己，天下没有做不成的事，不要存有一丝的怀疑念头。你应当将这种念头逐出你的心境，只留下足以帮助你成功的思想。

应该常常怀着"前途光明"的期待，怀着只要自己能努力奋斗，那一切伟大光明的东西必然在静候着你的信念。你还要怀着一种乐观的期待态度。期待一切事情都将是吉而非凶，成功而非失败，幸福而非痛苦。这对于你的生命最有裨益。凡是期待极强的人，不管环境怎样困难，他总会取得成功的，因为他那种坚强的精神态度，会肃清一切阻碍意志薄弱者前进的"成功之敌人"。

● 心灵导航

我们的内心都有无穷的力量，因此，只要能保持信心，就能到达任何想要去的地方。假如还有信心与希望，即使只是微如星光，也能照亮前行的远景。因此需要一幅新地图，要用一个全新的宏观的眼光，来看待自己的位置。必须在心态与认知上，首先跨出一大步，否则只会陷于目前的不愉快的处境。

圣·保罗有句话说得很在理，他说："更新你们的思想，你们就能获得新生。"这就是说，我们应该改变、纯洁、更新和提高我们的思想认识。当你转向他处时，你的眼界也变了，因而你的人生也会大变样。对于那些没有勇气和一遇失败就一蹶不振、胆色全无的人来说，世界一无是处。

德里克·沃尔科特

成功者从不会自我设限

沃尔科特生于圣·卢西亚，是著名诗人，被誉为"今日英语文学中最好的诗人"。在其作品中，探索和沉思加勒比海的历史、政治和民俗、风景，有强烈的历史感。他的诗因"具有伟大的光彩，历史的视野，献身多元文化的结果"，而获1992年诺贝尔文学奖。在神秘而复杂的加勒比地区流行着英语、法语、西班牙语和当地黑人方言土语等多种语言，因而那里形成了由多个语种汇合而成的多元文化氛围。1992年诺贝尔文学奖获得者德里克·沃尔科特的诗歌和戏剧，就是这种文化的典型体现。获奖是由于"深具历史眼光，作品大量散发光和热，是多元文化作用下的产物"。

● 名人名言

成功者从来都不会自己束缚自己，也不会自我设限。

● 相关链接

在西部电影中常有牛仔从落日余晖的荒野，回到夕阳笼罩下的本部城镇的镜头。请回忆一下这些景象。在电影中，牛仔常去的地方就是酒吧，酒吧里有醇酒、美人。来到酒吧前，把马绳绑在圆木上，你可以回忆一下那时的情景。牛仔如何系住这条马绳呢？只是稍微卷几下而已。不久进入酒吧饮酒，并且玩起扑克来，然后出现打架的场面。酒杯乱飞，玻璃割破了，烛台掉下来，不久燃烧起来，于是马儿焦躁不安而急欲脱逃。慢慢地回想这些情景，为何马不能立刻逃开呢？你可能已经知道。马被绑着时，由于经年累月受到驯马师的教导，只要有一点小小的力量牵制着，马匹即不敢擅动，于是它不敢逃走。但是马儿成长后，虽然强壮有力，可是心中还是留有被绑着时即不可逃走的意识。因而遇到这种危险的场面却存在着该逃而不敢逃的概念。

● **精彩解读**

我们所走过的人生，以前面的马为例，如同驯马师一样调教我们的是父亲、母亲、师长和周围的人。在生活中，人们的心确实也常被这种事实所套牢。只要一个人认为自己是外在条件的产物，他就会为环境所束缚，而一旦他了解到自己是一股创造性的力量，而且他可以控制和指挥环境中的种子与泥土，那么他已经成为自己合法的主人了。

每个人的性格中都有优点和弱点。问题是，你所强调的是自己的优点还是弱点？你靠什么来生存下去？如果着重在弱点方面，你将会自我设限。如果你强调的是积极因素，你将会越来越坚强和自信。这个道理非常简单易懂。但是，我们不能将自己的弱点与自我想象的弱点混为一谈。学习如何接受自我是克服弱点的第一步。大多数有自卑感的人总是把注意力的焦点放在自我身上，也就是将目光放在弱点上。对不重要的事也以自我为中心来考虑，以为每个人都在注意这些事，其实并不是如此。自我贬低很容易使人自卑，并且自弃。为什么许多人经常会深陷于自卑情绪中而痛苦呢？心理学家告诉我们，人类性格中最常见的弱点之一便是他们并"不想要成功"。他们认为成功是一件危险的事，因为要保持成功的地位，必须付出更多的代价。所以，他们便故意或者无意地强调自己的弱点，显示出不如他人的样子。

许多人经常找出自己性格上的小弱点，自认为这就是缺点，然后又费尽心机使自己相信："因为这个弱点，所以不能成功。"要解决这个问题，就必须先了解，我们每个人都能成功、快乐和坚强，所以你必须决定，你打算要突出哪一方面，这一决定权在于你。一旦你选择突出自己的长处和优点，自卑感便会消失，一种强而有力的能力便会取代你的缺陷及弱点。

事实上，你整个的生命可以变得更坚强、更快乐。当你不再自我设限之后，你的内心便会有重大的突破。更坚强的信仰、深刻的理解和无罪的奉献将会为你开启另一扇人生之门。你不仅会精力充沛，可以应付各种问题，还会有足够的余力和远见，对许多人产生创造性的影响。

不会再有失败，不会再有挫折，不会再有绝望，人生不会在瞬间变得轻松或浮华。人生是真实永恒的，有各种问题存在。以积极的心态去思考，去行动，你就不会再被任何难题所控制、阻挠。对你和其他人一样，积极心态一定有惊人效果。

大江健三郎

好的对手会让你越战越勇

大江健三郎是日本著名作家，他于1994年荣获诺贝尔文学奖。

● **名人名言**

如果在你的一生中能让你遇到一个好的对手，那你就太幸运了。因为好的对手会让你越战越勇。

● **精彩解读**

想想田径场上的长跑比赛，我们就可以悟出一些故事的道理。比赛开始，众人齐发，难分先后，但到了中途，选手们都会跟上某位对手，然后在恰当的时机突然加速超越，然后再跟上另一位对手，再在恰当的时机超越他，一直冲至终点。

长跑，尤其是马拉松比赛，是一种体力与意志力的比赛，而意志力尤其胜过体力，有人就因为意志力不足，体力本来还够时就退出了比赛；也有人本来领先，但却在不知不觉间慢了下来，被后面的选手赶上。跟住某位对手就是为了避免这种情形的产生，并且可以利用对手来激励自己：别慢了下来。也可以提醒自己：别冲得太快，以免力气过早耗尽。另外也有解除孤单的作用。你如果观察马拉松比赛，便可发现这种情形：先是形成一个个小集团，然后再分散成2人或3人的小组，过了中途才慢慢出现领先的个人。

其实，人生不就是一段"长跑"吗？既然如此，那何不学习一下长跑选手的做法，跟住某个人，把他当成你追赶并超越的目标。不过，你要找的"对手"应是有一定条件的，不能胡乱去找。你应以周围的强势人物为目标，当然你要找的目标一定要在所取得的成就或能力方面都比你强。换句话说，他要跑在你的前面，但也不能跑得太远，因为太远了你不一定追得上，就算能追上，也要花很长的时间和很多的力气，这会让你跑得很辛苦，而且挫折感太强。

对手找到之后，你要进行综合分析，看他的本事到底在哪里？他的成就是怎么得来的？平常他做事的方法，包括人际关系的建立、个人能力的提高等，都要有所了解。研究之后就可以学习他的方法，也可以通过自己的方法下功夫，相信很快就会取得成效——慢慢地你就和他并驾齐驱，然后超越他。

比尔·盖茨开创了全球电脑软件的霸业，他灵活的头脑及前瞻的眼光除了让他个人年所得于全世界名列前茅外，更让微软公司赚尽了丰富的利润。

全球排名第二的电脑软件公司"甲骨文"的总裁艾利森立志不让比尔·盖茨专属于前，他不断行销由甲骨文研发出 N·C（网络电脑）的未来发展性，希望能像盖茨利用 PC 机打败大型电脑一样，在软件市场上亦能打败由盖茨所领军的微软。

综观这些年的较量，其实艾利森和盖茨有颇多类似之处，两人皆有强硬的领导风格，经常毫不留情地批评、嘲讽手下。在经营公司方面，两人均独具慧眼，使各自的产品能够横扫市场，占一席之地。但是比盖茨年长10岁的艾利森，却打心底不甘心让一个毛头小子超前，而且超前那么多。

无论盖茨和艾利森此番较量的最终结果如何，在这场竞争中没有真正意义上的失败者。因为他们都是强势人物，都是本领域内的绝顶高手。

等超越现在的对手后，你可以再跟住另一个对手，并且再超越他。如此不断，你一定能领先他人。即使拿不到冠军，也不至于被很多人甩下。

不过你得注意一个事实，在长跑里，跟住一个对手并不一定就可以超越他，可能你刚跟上了他，他发现后几大步就把你甩在后头了。做事也是如此，好不容易接近对手，他又把你抛在后面了。当你处于这种情形时一定不要灰心，因为这种事难免会碰到，碰到这种情形，如果能跟上去，当然好，如果跟不上去，那实在是个人的条件问题，勉强跟上去，只会提早耗尽体力。那么这样不是白跟了吗？不，因为你跟住对手的决心和努力，已经让你在这跟进的过程中激发出了潜能和热力，比无对手可跟的时候进步得更多、更快。而经过这一段跟进的过程，你的意志受到了磨炼，也验证了自己的成绩和实力，这将是你一辈子受用的本钱。

当然也有可能你找到了对手，但就是一直跟不上去，甚至还被后面的人一个个超越过去，这实在令人难堪。碰到这种情形，我们还是要发挥比赛的精神，跑完比赛比名次更重要，人生也是如此，努力的过程比结果更重要，只要自己真正尽力就行了。就怕半途退出，失去奋勇向前的意志，这才是人生悲哀的一件事。

谢默斯·希尼

失败是没有任何借口的

　　他的诗歌描述的是个人独特的思想感情，不存在派别之见。他结合自己的农村之根和现代现实主义写诗，使自己的作品独树一帜。尤其是，他早期的作品，根植于年轻时对农场时的眷恋，并以婉约的文字，传达一种对环境的强烈感受。从童年时期的农家经验出发，写出有关大自然等方面的诗歌，1966年出版了《自然主义者之死》。自此，诗的闸门再也没有关过。他就是1995年度诺贝尔文学奖获得者，爱尔兰目前最有名气的诗人谢默斯·希尼。

● 名人名言

永远不要为自己的失败寻找借口，因为失败是没有任何借口的。

● 精彩解读

　　寻找借口来解释为什么会失败，这是一种全人类共同的习惯，而且跟人类历史一样古老，对成就具有严重的破坏力。人们为什么会如此喜欢找借口？答案很明显。他们为他们的借口辩护，因为这些借口是他们创造出来的。个人的借口就是他自己想象力的孩子，而保护自己的孩子正是人类的天性。

　　找借口是人类根深蒂固的习惯。习惯是很难突破的，尤其是当这些借口能够替我们掩饰某些事情的时候。柏拉图深懂此项真理，所以他说过："征服自己是个人的第一及最好的胜利。被自己所征服，是最羞耻及最可悲的。"

　　另一位哲学家也有同样的想法，他说："我十分惊讶地发现，我在他人身上所看到的丑恶事物，实际上就是我自己个性的反映。"

　　"总是想不透"，他说，"人们为什么要花那么多时间来创造借口，掩饰他们的缺点，这等于是愚弄自己。如果采取相反的做法，用相同的时间足以矫正你的缺点，如此一来，就不需要再去寻找任何借口了。"生活是一场围猎游戏，你的目标永远在前面，一旦发现猎物，你就要迅速行动，否则不但捉不到猎物，有可能还会被其所伤。让猎物跑掉的原因，肯定在你，除此之外没别的缘故。

控制意识是自律和习惯的成果，不是你去控制你的意识，就是意识来控制你。绝无妥协之道。在所有控制意识的方法中，最实际有效的方法就是养成一种习惯，让你的意识忙着去为实现一个明确的目标而努力，同时还要拟出一项明确的计划来支持这项目标。你可以去研究任何一位成功人士的生平记录，你将会发现，他控制了自己的意识，运用控制力量，为实现明确的目标而努力。若不是拥有这股控制力量，任何人都是绝不可能获得成功的。

未能成功的人士，有一项突出的共同点：他们全都知道失败的原因，而且也全都拥有他们自认无懈可击的借口，并用借口来解释他们为什么无法获得成功。

这些借口当中，有些是很巧妙的，有少数借口根据事实判断，甚至还很合情合理。但是，借口不能用来换取胜利。这个世界只想知道一件事——你是否获得了成功？

● 成功心境

下面列出了人们最常用的借口。你看到以下这些借口时，可以在前面的方框内，画上对钩，反思一下有多少是自己常用的，你也不妨接着将自己常用的借口补充下去，并从这一刻开始完全抛开这些令人沮丧和失败的借口，开始走向成功。

□　如果我有足够的"资金"……
□　如果我有钱……
□　如果我受过良好教育……
□　如果我能找到一个工作……
□　如果我身体很健康……
□　如果我有时间……
□　如果时机好一点……
□　如果别人了解我……
□　如果我四周的环境不同……

☐ 如果我能从头再来……

☐ 如果我不害怕"他们"说什么……

☐ 如果能再给我一次机会……

☐ 如果老板能够赏识我……

☐ 如果有人能帮我的忙……

☐ 如果我有空的话……

☐ 如果我以前未曾失败过……

☐ 如果我知道怎么去……

☐ 如果不是每个人都反对我……

☐ 如果我没有这么多的烦恼……

☐ 如果我娶（嫁）对了人……

☐ 如果我的运气不那么坏……

☐ 如果不是其他人故意跟我过不去……

☐ 如果我年轻一点……

☐ 如果我能做我希望做的……

☐ 如果我出生在富人家里……

罗伯特·卢卡斯

勇敢的人会变压力为动力

在中国，韩愈先生的名言"古之学者必有师"，人人皆知；在外国，求师问道的也不乏其人。美国的诺贝尔经济学奖得主罗伯特·卢卡斯就是一个最突出的例子。谁会想到这位获得诺贝尔经济学奖的卢卡斯教授曾是学习历史的？由于受到家庭和老师的影响，他才改学经济，使他终于"改造了宏观经济分析并深化了人们对于经济政策的理解、完善了合理期望的假说"，被授予诺贝尔经济学奖。

● 名人名言

勇敢的人不会躲避压力，他们会微笑着面对压力，因为压力在适当的时候也是一种催人奋进的动力。

● 精彩解读

只要是活在这个世界上，就不可能完全逃避得了压力。既然如此，对于不断加诸我们身上的各种压力，学习怎样有智慧地对待，就属绝对必要了。我们的身体，就是设计来应付突发的危险以便做迅速反应的。面临困境前进，压力会在刹那间涌现，这也是我们的身体发挥最大潜能的时候，此时，我们的身体会迅速分泌肾上腺素到血液里，对我们意识到的挫折做最迅速的反应。压力无时无刻不存在于我们的四周。每一个年龄层都有其特殊的压力：青少年时有课业压力；成年时，有家庭和工作的压力；迈入老年期，有退休、孤单、面临死亡的压力。人们在生活中扮演的角色不同，压力也不尽相同，而一个人往往是身兼数种角色，集数种压力于一身。

压力会不会伤人，全看你如何反应。因此，在承受同等的压力时，有人因而成功，有人却败下阵来。某种程度的压力不但没有妨碍，反而对人有益，没有些许压力你的身体便无法运作，当然，你必须避免盲目的紧张状态。

在麻省阿默特学院进行了一个很有意思的实验，他们用铁圈将一个小南瓜整个箍住，以观察当南瓜逐渐地长大时，对这个铁圈产生的压力有多大。研究人员希望了解这个南瓜能够在此过程中，与铁圈产生多少互动的力道，以便了解这个南瓜能够承受多大的压力。最初他们估计南瓜最大能够承受大约450公斤的压力。在实验的第一个月，南瓜承受了450公斤的压力，实验到第二个月时，这个南瓜承受了1 350公斤的压力，并且当它承受到了1 800公斤的压力时，研究人员必须对铁圈加固，以免南瓜将铁圈撑开。最后当研究结束时，整个南瓜承受了超过4 500公斤的压力。

人们切开南瓜，发现它已经无法再食用，因为它的中间充满了坚韧牢固的层层纤维，试图想要突破包围它的铁圈。为了要吸收充分的养分，以便突破限制它成长的铁圈，它的根部甚至延展超过24 000米，所有的根往不同的方向全方位的伸展，最后这个南瓜独自地接管控制了整个花园的土壤资源。

如何应付生活压力？是每个成功的人所关心的重要课题。这里提供一些小偏方，让大家参考：

（1）别为小事烦恼：我们经常为一些小事烦恼，其实仔细想一想，这些都不是什么大不了的事，我们只是专注在一些小问题上，把问题过度夸大了，浪费宝贵的力气为小事烦恼，当然就无故平添了许多压力。（2）小心你的想法滚出雪球效应：越是全神贯注在令你心烦的细节上，你就觉得越糟糕，思绪一个接着一个，直到你变得焦虑不安。即时打住，防患未然，并且要察觉自己的情绪，不要被情绪低潮所愚弄，完全以负面情绪来看待周围的人和物，如此一来，小小的压力，可能瞬间变成巨大的压力。（3）练习放松数到10，当你感到生气时，长长深深地吸一口气，同时大声对自己数1，然后再吐气放松全身，数2至10重复这个步骤。当你数完时，气也全消了，这个方法帮助我们把大事化小，压力也就消失于无形。

● 心灵导航

在压力中，勇敢的心是最好的伴侣。心若脆弱，则可使用靠它最近的器官。自立的人更能承受忧患，不可向厄运低头，否则厄运之神会更加嚣张。遭遇危难时，有人几乎不能自助，又兼不知道如何忍受，遂倍增其难。了解自己的人能深思熟虑克服自身的弱点。明慎之人能够征服一切，甚至星宿。

查尔斯·谢林顿

挫折与成功同行

查尔斯·谢林顿，英国病理学家、神经生理学家。发现了中枢神经反射活动的规律，提示了神经细胞和能量在神经中传递的情况，1932年获诺贝尔生理学及医学奖。

● **名人名言**

在成功的道路上每个人都会遭遇挫折。它如影随形，就像是我们身体的一部分。

● **相关链接**

查尔斯的少年时代如噩梦一般，父亲在他很小的时候就去世了，母亲不久也改嫁了，他沦为四处流浪的孤儿。一位牧师收养了他，把他带到教堂里一起生活。但结束了流浪生活的小查尔斯并不适应新的生活，他已经习惯了经常欺骗他人，和别的小孩打架，要不就是到处捣蛋添乱。他总爱耍小聪明使坏，周围的人都管不住他，就连收养他的牧师也毫无办法，只能暗自叹息："唉，一块好钢用不到刀刃上。"周围的人越是指责他，轻视他，小查尔斯越是不知痛痒，无所顾忌。直到一个挤奶小女工的出现，才彻底改变了查尔斯的人生轨迹。

那个小女工就住在离教区不远的村庄，对任何人都是笑脸相迎，对小查尔斯也是如此。看惯了周围人的冷眼，突然在小女工脸上看到迷人的微笑，小查尔斯有种受宠若惊的感觉，他开始对小女工着了迷，并且认为：她既然每次看到我都对我笑，那她肯定也是爱我的。终于有一天，查尔斯鼓足勇气去向小女工表白。但出乎意料的是，小女工很干脆地拒绝了他，并且愤怒地对他说："我宁愿跑到泰晤士河淹死，也不会嫁给你。"因为在小女工看来，这时的小查尔斯已经坏到不可救药的地步了。

查尔斯受到这致命的打击之后，终于认识到自己的过去是很不光彩

063

的，他做出决定，要做一个全新的自己，追求美好的明天。

当天晚上，查尔斯就悄悄离开伦敦，开始了自己的求学生涯。后来，查尔斯真的彻底改头换面了，成了一个刻苦好学的学生。他每天早上买好一天的面包，在教室和宿舍之间来回穿梭，甚至经常彻夜苦读。

查尔斯成功地完成了自我改变、自我完善的目标，昔日那个恶劣的浪子形象已经被人们淡忘。20年后，他终于成为英国首屈一指的病理学家。

● 精彩解读

任何成功的人在成功之前，没有不遭遇失败的，爱迪生在历经10 000次的失败后才发明了灯泡。而沙克也是在试用了无数介质后，才培养出小儿麻痹疫苗。

你应把挫折只当作是使你发现你思想的特质，以及你的思想和你明确目标之间关系的测试机会，挫折绝对不等于失败——除非你自己这么认为。

然而，挫折并不保证你会得到完全绽开的利益花朵，它只提供利益的种子，你必须找出这颗种子，并用明确的目标给它养分去栽培它，否则它不可能开花结果，生活正冷眼旁观那些企图不劳而获的人。应该感谢所遇到的挫折，因为如果没有和它作战的经验，就不可能真正了解它。

挫折和痛苦是生活和每一种生物的另一种沟通方式，是指出我们错误所使用的语言。有的人在遇到生活的这些考验时，可能会变得胆怯，致使他们逃避所有可能的威胁。但成功者在听到生活的这些话时，应该变得更为谦虚，以期尝到智慧和体谅，应了解这是你开始迈向成功的转折点。有了这项认知之后，就不必再将挫折看成是失败，而应把它看成是暂时性，而且可能会带给你祝福的事件。希望总是在不断失望中消逝，憧憬却也在经常的怅惘中更新，这就是人生之路。

● 心灵导航

一个人的挫折可以被视为是一种无法超越的障碍和自怜与憎恨的理由，亦可成为更严密检视自己行为的一种刺激剂，以纠正自己并进而改变别人对我们的态度，至于如何做，全在于我们自己。反之，我们也随时可以为自己造出一个地狱。但如果我们选择了地狱，我们必须了解那是自己的抉择，因此不得再埋怨父母、朋友、家人、社会。除了自己，没有任何人、任何事物能令我们沮丧或痛苦。然而，有许多事物是必须从痛苦中学得的，既然我们多半不是坚强到能毫发无伤地抗拒痛苦，倒不如将它视为达到我们目的的跳板。

斯维德伯格

任何时候都不能轻言放弃

1884 年 8 月 30 日，斯维德伯格出生于瑞典的耶夫勒堡，1908 年获博士学位，发表了《胶体溶液的理论研究》，引起极大反响。为了扩大视野，他到德国、荷兰、法国、美国等许多国家进行参观访问，他用席格蒙迪的超显微镜研究了布朗运动，进一步证实了分子的存在。他的主要贡献是发明了超速离心机，实现了胶体粒子的分离和许多大分子物质主要是蛋白质摩尔质量的测定。

● 名人名言

任何时候都不能轻言放弃：无论环境多么恶劣，无论条件多么艰苦，人不是生来就被打败的。

● 精彩解读

著名的文学家海明威的作品《老人与海》中有这么一句话："英雄可以被毁灭但是不能被击败。"肉体可以被毁灭，可是英雄的精神和斗志则永远在战斗。还有一句话："成功是指最终实现了目标，但并不意味着不受到挫折。成功是赢得整场战争，而不是赢得每一场战斗。"有了问题，甚至是特别难于解决的问题，可能让人懊恼万分。这时候，有一个基本原则可用，而且永远适用。这个原则非常简单——永远不放弃。放弃必然导致彻底的失败。最终不只是手头的问题没有解决，还导致人格的最终失败，因为放弃使人形成一种失败的心理。

如果你所用的方法未能奏效，那就改用另一种方法来解决问题。如果新的方法仍然行不通，那么再换另外一种方法，直到找到解决眼前问题的钥匙为止。任何问题总有一个解决的钥匙，只要继续不断地、用心地循着正道去寻找，你终会找到这个钥匙的。

　　人总是从经验中了解到坚强毅力的正确性。这些人认为失败只是暂时性的，他们坚定不移地执着于他们的欲望，使得失败最后转为胜利。我们这些生活的旁观者亲眼看到太多的人在失败中倒下去，而且永远也没有再站起来过。我们发现，只有很少数的人能够把失败的惩罚当作是一种鼓励，鼓励自己更加努力。

　　世界大文豪巴尔扎克本是学法律的，可大学毕业后偏偏想当作家，全然不听父亲让他当律师的忠告，把父子关系弄得十分紧张。不久，父亲便不再向他提供任何生活费用，他写的那些玩意儿又不断地被退了回来，他陷入了困境，开始负债累累。最困难的时候，他甚至只能吃点干面包喝点白开水。但他挺乐观，每当就餐，他便在桌子上画一只只盆子，上面写上"香肠""火腿""奶酪""牛排"等字样，然后在想象的欢乐中狼吞虎咽。更发人深省的是，也正是这段最为"狼狈"的日子里，他破费700法郎买了一根镶着玛瑙石的粗大的手杖，并在手杖上刻了一行字：我将粉碎一切障碍。正是这句气壮山河的名言在支持着他。后来的事实表明，他果然成功了。

　　人们不妨回顾一下自己的人生。是否努力几次之后，挫折感和感觉世间的无情会使你软弱下来，经过几次危机你就会丧失挑战的心理，而茫然地活下去。

　　在每一件事情似乎都不对劲的时刻，正是实行积极想法的时机，只要你坚持，尽一切努力，你就能达到目标。如果你认为没有希望，这种想法只会招来更多的麻烦并打垮你。因此，你要坚信状况会变得对你有利，并且采取行动，继续前进。

　　我们常常很容易就认定状况已经超出了我们的控制，以它作为我们太早就轻易放弃的借口。在世上能够成功的人，都能站起来寻找他们所要的环境，如果找不到，他们就动手去创造出来，用这种态度处理问题才可以创造出奇迹。

● 心灵导航

　　当"智慧"已经失败，"天才"无能为力，"机智"与"手腕"也已没用，其他各种能力都已束手无策、宣告绝望的时候，走来了一个"忍耐"，由于坚持之力，得到了成功，不可能的成为可能了。意志的忍耐能发出神奇的功效。不后退，不放弃，在别种能力已屈服败走的时候，它还坚持着，甚至当希望离开了战场时，它还能打许多胜仗呢！

理查德·斯莫利

人摆错了位置就是垃圾

理查德·斯莫利，美国化学家。因发现碳元素的第三种晶体结构形式——C60，获得了1996年诺贝尔化学奖。

● **名人名言**

人摆错了位置就是垃圾。生命的价值不在于长短，而在于摆正了自己的位置，实现了自我价值。

● **精彩解读**

我们已经认识了事物的价值所在，那么我们自身的价值何在呢？热门话题，流行时尚，抢手职业，最新潮流……在社会的喧嚣热闹中；许多人失去了自我价值。这个世界上有的人也许能够成为真正大导演，可是他却去学习法律，因为此时法律正热，律师最火。有的人明明可以成为伟大的画家，可是他却去学习经济，因为这时经济人才奇缺，各单位都在高薪诚聘。很多人明明是技术专家，业务好手，可非要追求权力位置，因为大家都认为只有被提拔才意味着被认可……

一般人总是相信，当他们置身于热门行业、职业话题时，就当然处于社会光环的中心，就会得到权力、地位和财富，实现了自我的价值。不过，等他们花尽毕生的力气追求之后，他们才恍然大悟。原来自己真正应该做的事情没有做，自己所追求的很多热门根本就不适合自己做，抑或那本来只是一些炫目的泡沫。有一个电脑软件公司的经理，因为公司的效益不好就要被解雇了，但是这时一个为他工作的电脑程序员开发出一个新的软件操作系统，投入市场后非常受欢迎，卖得火爆。经理保住了他的职位，为此他非常感谢这位电脑程序员，并提议要将他提升为部门经理。没想到这位程序员立刻回绝道："我天生就是做程序设计的。如果现在你提拔我的话，我只会浪费大家的时间并将一事无成，我手头还有一个程序要做，我先走了！"说罢匆匆离去，又开始他新的程序设计。

"人摆错了位置就是垃圾。"其实很多时候是我们自己把自己当成了垃圾随地乱扔，不仅给自己造成心理压力，而且污染环境。我们现在身处市场经济的时代，市场经济的运作十分强调把资源配置到最能发挥效率的地方。我们自己也是一种资源，应该寻找最适合我们的岗位并对自己的兴趣保持一分坚定与执着。

西洋后期印象派大师凡·高的画，许多人看过后都留下深刻的印象，他那黄色炽热的色彩和充满动感的线条，给予我们强烈的感受。凡·高有着坎坷的境遇，虽然从26岁才正式走上画家的途径，36岁就过世了，但是仅仅十年间却留给我们许多不朽的作品，在艺术上的成就，较之活了九十多岁的毕加索并不逊色。的确，如果你自己把自己不当回事，别人更瞧不起你，生命的价值首先取决于你自己的态度。珍惜独一无二的你自己，珍惜这短暂的几十年光阴，然后再去不断充实、发掘自己，最后世界才会认同你的价值。由此可知，生命的价值不在于长短，而在于摆正了自己的位置，实现了自我价值。

● 小 资 料

碳，CARBON，源自 carbo，也就是木炭，这种物质发现得很早，它的三种自然形式是钻石、炭和石墨。碳的无数化合物是我们日常生活中不可缺少的物质，产品从尼龙和汽油、香水和塑料，一直到鞋油。理查德·斯莫利在对碳元素 C60 的探索中实现了他的诺贝尔奖梦想。那么碳是如何被发现的？碳可以说是人类接触到的最早的元素之一，也是人类利用得最早的元素之一。自从人类在地球上出现以后，就和碳有了接触，由于闪电使木材燃烧后残留下来木炭，动物被烧死以后，便会剩下骨碳，人类在学会了怎样引火以后，碳就成为人类永久的"伙伴"了，所以碳是古代就已经知道的元素。发现碳的精确日期是不可能查清楚的，但从拉瓦锡 1789 年编制的《元素表》中可以看出，碳是作为元素出现的。碳在古代的燃素理论的发展过程中起了重要的作用，根据这种理论，碳不是一种元素而是一种纯粹的燃素，由于研究煤和其他化学物质的燃烧，拉瓦锡首先指出碳是一种元素。碳在自然界中存在有三种同素异形体——金刚石、石墨、C60。金刚石和石墨早已经被人们所知道，C60 是 1985 年由美国休斯敦赖斯大学的化学家哈里可劳特等人发现的，它是由 60 个碳原子组成的一种球状的稳定的碳分子，是金刚石和石墨之后的碳的第三种同素异形体。

科菲·安南

扔掉别人的拐杖,迈动自己的双脚

科菲·安南,生于非洲的加纳。由于在促进世界和平方面做出了重要贡献,2001 年获得诺贝尔和平奖。

● 名人名言

绝对要扔掉别人的拐杖。世上有一种人,总是存在极深的依靠心理——依靠拐杖走路,尤其是依靠别人的拐杖走路。对于成大事者而言,他们的习惯选择是:扔掉别人的拐杖,迈动自己的双脚。

● 精彩解读

人们经常持有的一个最大谬见,就是以为他们永远会从别人不断的帮助中获益。力量是每一个志存高远者的目标,而依靠他人只会导致懦弱。力量是自发的,不依赖于他人。坐在健身房里让别人替我们练习,我们是无法增强自己肌肉的力量的。没有什么比依靠他人的习惯更能破坏独立自主能力的了。如果你依靠他人,你将永远坚强不起来,也不会有独创力。要么抛开身边的"拐杖"独立自主,要么埋葬雄心壮志,一辈子老老实实做个普通人。

年轻人需要的是原动力,而不是依靠。他们天生就是学习者、模仿者、效法者。如果给他们太多帮助,他们很容易变成仿制品。当你不提供拐杖时,他们就会无法独立行走,只要你同意,他们会一直依靠你。爱默生说:"坐在舒适软垫上的人容易睡去。"依靠他人,觉得总是会有人为我们做任何事,所以不必努力,这种想法对发挥自助自立和艰苦奋斗精神是致命的障碍。"一个身强体壮、背阔腰圆、重达 150 磅的年轻人竟然两手插在口袋里等着帮助,这无疑是世上最令人恶心的一幕。"

你有没有想过,你认识的人中有多少人只是在等待?其中很多人不知道等的是什么,但他们在等某些东西。他们隐约觉得,会有什么东西降临。会有些好运气，或是会有什么机会发生，或是会有某个人帮他们，这样他们就可以在没受过教育，没做充分的准备和资金的状况下为自己获得一个开端，或是继续前进。

有些人在等着从父亲、富有的叔叔或是某个远亲那里弄到钱，有些人是在等那个被称为"运气""发迹"的神秘东西来帮他们一把。我们从没听说某个习惯等候帮助、等着别人拉扯一把、等着别人的钱财或是等着运气降临的人能够真正成就大事。只有抛弃身边的每一根拐杖，破釜沉舟，依靠自己，才能赢得最后的胜利。自立是打开成功之门的钥匙，自立也是力量的源泉。

一家大公司的老板曾说，他准备让自己的儿子先到另一家企业里工作，让他在那里锻炼锻炼，吃吃苦头。他不能让儿子一开始就和自己在一起，因为他担心儿子总是会依赖他，指望他的帮助。在父亲的溺爱和庇护下，他什么时候来就什么时候来，他什么时候走就什么时候走的孩子很少会有出息。只有自立精神才能给人以力量与自信，只有依靠自己才能培养成就感和做事能力。把孩子放在可以依靠父亲或是可以指望帮助的地方是非常危险的做法。在一个可以触到底的浅水池是无法学会游泳的，而在一个很深的水域里，孩子会学得更快更好，当他无路可退时，他就会安全地到达河岸。依赖性强、好逸恶劳是人的天性，而只有"迫不得已"的形势才能激发出我们身上最大的潜力。

待在家里、总是得到父亲帮助的孩子一般都没有太大的出息，就是这个道理。而当他们不得不依靠自己，不得不动手去做，或是在蒙受了失败之辱时，他们通常就能在很短的时间内发挥出惊人的能力来。

一旦你不再需要别人的援助、自强自立起来，你就踏上了成功之路。一旦你抛弃所有外来的帮助，你就会发挥出过去从未意识到的力量。没有比自尊更有价值的东西了。如果你试图不从别人那里获得帮助，你就难以保有自尊。如果你决定依靠自己，独立自主，你就会变得日益坚强。只有当大脑受到最严峻的考验，只有当年轻人具有的每一点智慧才华都要全部调动起来时，他才会发挥出最大的能量。没有奋斗，就没有成长，不能抛开身边的拐杖，也就没有个性。只有经过磨炼，人才能变得坚强。只有去争取，去奋斗，才能变得有意志力。

理查德·罗伯茨

永远不满足于眼前

理查德·罗伯茨，英国生物化学家。因为发现断裂基因与美国科学家夏普共同获得1993年诺贝尔生理学及医学奖。

● **名人名言**

你千万不要沉溺于眼前的利益，而要从长远的角度看问题，所以永远不满足于眼前。

● **精彩解读**

成功者和常人的差别在于，常人只能看到面前的一片天空，而不知道远方还有更高更远的天地值得他们去开拓。所以，智者总是从长远的角度看问题，他们胸怀远大的志向而永远不会满足于眼前。古语中有"只见树木不见森林"的说法，就是说一进入森林，人们眼里都是一棵一棵的树，而无法看到整个森林。对于人生来讲也是一样的，我们眼前的每一个小的目标都是一棵树，也许在你的周围有很多的小目标。你自己有很多的近期理想，但是你千万不要沉溺于眼前的利益，而要从长远的角度看问题。

任何一位英雄都曾经是一个小角色。从小角色到大英雄的过程之中有很多台阶要上，上每一个台阶都需要经过努力。如你仅仅满足于眼前的几个台阶，那么你没有持久的驱动力，就会停留在半山腰而结束你的人生征程。周恩来总理，从小就树立了"为中华之崛起而读书"的远大目标。此后的岁月中，他有无数次选择安逸舒适的生活、享受高官厚禄的机会，这些机会对于当时的国人而言，无疑是功成名就的最好选择。但是，有了为祖国崛起而奋斗的远大目标，周恩来毅然放弃了这些所谓的机会，选择了血与火、粗茶与淡饭，经过九死一生，与志同道合者共同铸就了共和国的辉煌。

　　微软的创始人比尔·盖茨考上哈佛大学之后，本来可以和其他同学一样安安稳稳地找一份工作来生活，可是比尔·盖茨没有选择安详平静的小溪，而是选择了漫无边际的风暴。他选择了离开，离开了那个令世人景仰的名牌大学而自己创业，从而成就了今天的微软帝国。比尔·盖茨就是没有满足于眼前的利益，而是从长远的角度来看问题，因此他走的路比别人多，也比别人长，这是很容易理解的。

　　不满足于现状不仅仅能够为你提供自强不息的动力，也是一个人自身修养的关键。一个容易满足的人，一个容易自满的人，常常会显得比较骄傲，这样不仅会限制自己的发展，还会损坏自己的品性。

　　一个真正的成功者，常常是谦虚的，因为他的眼光总是在远方而不是在自己的脚下，他总是觉得自己有很多东西还不知道，总是觉得自己有很多事情还没有去做，总是觉得自己应该有更大的成就，所以他总是不满足的。

　　一个民族最危险的做法是墨守成规，不思改革；一个人最糟糕的行为是知足常乐，不求进取。要树立起竞争观念，就必须破除知足常乐的旧观念。所谓"知足常乐"，就是满足自己的眼前所得，保持自己的安乐。这种处事态度，并不单指日常生活不奢求，也是一种保守主义、利己主义的人生哲学。我国春秋时代的老子宣传"无为而治"，提倡"知足""知止""无欲""不争"。他认为人生在世如能满足自己的所得，如此不争，不但可以保持内心的清静和愉快，而且还可以免遭屈辱和灾祸。显然，这是一种保守的、消极的人生哲学。

　　首先，知足的知足，不论是夜郎自大还是甘居中游，都是形而上学思想的表现。它不仅违背事物发展的规律，而且也不符合人自身进步的内在要求。事物是在不断变化、发展的，人生也总得有所发现、有所创造，永不知足地积极进取，自强不息。其次，在"知足常乐"这种处事哲学的背后，隐藏的是狭隘的利己主义打算。它所追求的快乐，是个人"知足"之乐。这样的知足一旦得不到，就会产生对生活的不满、妒忌，甚至是对人生的失望。

　　当然，指出"知足常乐"的人生哲学的狭隘和片面，并不是说在任何情况下都不能讲知足。知足还是不知足，要看具体情况。在一定意义上，"知足"也可以使我们通过今昔对比，更加珍惜今天的进步和幸福，防止因物质享乐欲望的不知足而贪婪和堕落。但是，决不能离开自强、发展去妄谈知足。对于"不知足"也要做具体分析，并不是任何"不知足"都是可取的。那种好高骛远、贪得无厌的不知足，同消极的自私的"知足"一样，也会破坏正常的、积极的竞争和协作。

格特鲁德·埃利昂
一切成功都是从小事开始

格特鲁德·埃利昂，美国药物学家。因研制出不损害人的正常细胞的抗癌物与英国科学家布莱克、美国科学家希琴斯而共同获得1988年诺贝尔生理学及医学奖。

● 名人名言

一切成功都是从小事开始。那些能够从小事中看到未来的人是智者，那些能够把小事最终变成大事的人更是智者。

● 精彩解读

欧洲有一句谚语："最大的东西，最初往往是最小的。"在地下播下种子，不久会生根发芽，最终长成参天大树。那些最初懂得播下种子的人是智者。无论何时都要记住，不要轻视细小的东西。人们常常对小事非常重视，因为他们非常清楚，无论什么惊天动地的创举，都是由很小的事情开始的。一些看似无谓的选择其实是奠定我们一生重大抉择的基础。古人云："不积跬步，无以至千里；不积小流，无以成江海。"无论多么远大的理想，伟大的事业，都必须从小处做起，从平凡处做起。所以对于看似琐碎的选择，也要慎重对待，考虑选择的结果是否有益于自己树立起远大目标。

《道德经》有云："图难于其易，为大于其细。天下难事，必作于易；天下大事，必作于细。是以圣人终不为大，方能成其大。"这句话就是讲：做任何事情都要从小事着手，从最容易的地方开始。一些大事，都是从一些细节开始做的，圣人做事的高明之处就在于，他们不会一开始就去做大事，他们懂得成功从小事情开始的道理，并且按照这样的准则去做事。

其实这种做事方法在我们的生活中处处可见。每个人都有自己的学生时代。在学生时代就会有考试，每次考试的时候老师都会这样说：要把一些简单的题目做好，要从最容易的题目入手，如果一开始就去做很难的题目，既浪费时间和精力也不会有很好的效果。在生活中，我们做事情同样是一种考试，也应该按照这样的思路来行事，这样才能考出好成绩。仔细观察周围的人就会发现。每逢节日人们都要给家人、亲友、老师或同学打电话问候，信任和感情都是从这样的小事中培养出来的。

　　"勿以善小而不为，勿以恶小而为之。"这是三国时期刘备的一句名言，这句话恰当地说明了小事的重要性。如果你知道一些事情不好，但由于只是一些小事情，就觉得无所谓，这样日积月累，你就会慢慢地被侵蚀掉。有些事情，看起来很小，但是如果认认真真去做，你会发现它对于你的成功非常重要。在现实生活中，这样的例子屡见不鲜，可以看成是对这段话的最好注解。

　　对于很多成功人士，我们只是看到他们现在的成功，似乎他们只是在做一些大事，但是如果我们仔细了解他们的经历，就会发现，原来他们的成功也是从很小的事情开始的。美国前任国务卿鲍威尔，他找的第一个工作是在一个大公司里当清洁工人。在此期间，他做每一件事都十分认真，很快他就找到了一种拖地板的姿势。采取这种姿势，不仅拖得又快又好，还不容易疲倦。这家公司的老板观察了很长时间后断定，这个人是个人才，以后能够成大器。于是很快就破例把他提升了。这就是鲍威尔人生经历的第一个经验：必须认真做好每一件事。做任何事情都要三思而后行，不能掉以轻心。真正智慧的人做任何事情时都会经过周密的观察与思考，因为世间的事情都不是单纯地存在，而是互相关联的。犹如锁链般一环紧扣一环。若在小事情上麻痹大意，往往会影响到许多大事情的实施。正所谓"一招不慎，满盘皆输"。人们常常不屑去做一些小事情，总是觉得太小，没有意思，但是"汪洋大海，汇聚于小溪"的道理却是众所周知的，只是不少人并没有从中受到教益。因此我们要大声疾呼：小事不小，须三思而后行。老子曰："合抱之木，生于毫末；九层之台，起于累土；千里之行，始于足下。"正是揭示了这样一个道理。

奥尔瓦·格尔斯特朗德

智者应该不断适应社会的变化

奥尔瓦·格尔斯特朗德，瑞典著名的科学家。因为在研究眼睛屈光方面取得的巨大成就，1911 年获得诺贝尔生理学及医学奖。

● **名人名言**

现代社会的发展可谓一日千里，瞬息万变。作为一个个体的人只是社会这个大海中的一滴水，个体永远要去适应大的趋势，任何个体和社会的对抗都将是一场悲剧。因此，智者应该不断地适应社会的变化。

● **精彩解读**

我国古代哲学家韩非子说过"时易则备变"，就是说在不同的环境下要有不同的生活和行为法则。人生从小学到中学再到大学一直到走向社会，这个过程中有很多次角色的转变和环境的变化，都需要你自己准确地适应新情况。从中学到大学，是一个由老师的监督学习到自己学习的过程。从学校走向社会更是一个重要的角色转变相适应的过程。从一无所知的幼年到少不更事的少年再到不断耕耘拼搏的青年，再到事业有成应酬繁忙的中年，到人老体衰儿孙满堂的老年，人的地位和社会赋予的责任和义务都在不断地变化，这一切都需要去适应、去改变、去调整。所以聪明的人常常能够根据社会的发展趋势而不断地更新自己的观念、扩展自己的视野，从而正确掌握世界变化的方向，充分利用变化的能量，顺应时代潮流，总是走在时代的前沿。每一个渴望成功的人都应该像智者一样，不断地收集时代变化的信息，认真地总结自己的所见所闻，不断地适应新的发展趋势和新情况。那些固执的不善于变通的人，注定会被新的社会潮流所淘汰。

● 小 实 验

有位生物学家曾经做过这样的实验：把6只蜜蜂和同样多只苍蝇装进一个玻璃瓶中，然后将瓶子平放，并且让瓶底朝着窗户，来观察苍蝇和蜜蜂的不同反应，结果看到那6只蜜蜂拼命地想在瓶底方向找到出口，它们拍打着翅膀飞来飞去，一直到它们筋疲力尽地死去；而那6只苍蝇却在不到两分钟时间内，就穿过另一端的瓶颈逃出了瓶子。是不是这个实验说明了苍蝇比蜜蜂要聪明呢？事实并非如此，正是由于蜜蜂对光亮的喜爱，蜜蜂才没有找到正确的出口从而走向灭亡的。

在蜜蜂看来，一个囚室的出口就必然在光线最明亮的地方，所以它们不停地重复着这种合乎逻辑但不合实际的行动，这是一种很不明智的做法。对蜜蜂来说，玻璃自然是一种超出它们想象力的神秘之物，它们在自然界中从没遇到过，虽然是透明的但却是不可穿越的大气层，因此，它们不会放弃它们的努力。而它们的智力越高，玻璃这种奇怪的障碍就越显得无法接受和不可理解，它们就越是难以找到出口。

而那些苍蝇则对事物之间的逻辑毫不留意，它们全然不顾亮光的吸引，只是四下乱飞，结果却是误打误撞地碰上了好运气，找到了出口，飞出了瓶子。这些头脑简单的苍蝇出人意料地总是在智者消亡的地方顺利得救……

要不断地适应新的变化，就要善于摆脱旧我。由于一直习惯于某些固定的自我描述的词语，你每天都在靠这些词语生活。然而，你可以通过若干具体的方法消除这些标签。这些方法包括：

——告诉你周围的朋友、同事，你将努力消除自己的一些标签。指出那些危害性最大的标签，然后请他们在你使用这些标签的时候提醒自己。

——在行动上为自己制定目标，以不同于过去的方式行事。例如，如果你认为自己害羞，就主动去结识一个你以前不敢主动接触的人。

——坚持写日记，记下自己过去的行为和想法，这是你过去的思想指导下的言行，可能在一段时间以后，这些日记将是你最好的记录和回忆，他们会帮助你找出自己的错误，修正自己的错误，为你的自我反省提供一个很好的平台。

阿道夫·冯·拜耳

毅力可以化腐朽为神奇

阿道夫·冯·拜耳，德国科学家。因为合成靛蓝，对研究有机染料及芳香剂等有机化合物做出了极大的贡献，1905年获得诺贝尔化学奖。

● **名人名言**

毅力并不神秘，只要在生活中认真善待，它一定会给你一个惊喜，它能够化腐朽为神奇。

● **精彩解读**

在生活的不幸面前，有没有毅力，从某种意义上说是区别伟大与平庸的标志之一。有的人在厄运和不幸面前，不屈服，不后退，不动摇，顽强地同命运抗争。因而能在重重困难中冲开一条通向胜利的路，成为征服困难的英雄，成为掌握自己命运的主人。而有的人在生活的挫折和打击面前，垂头丧气，自暴自弃，丧失了继续前进的勇气和信心，于是成为庸人和懦夫。

美国前国务卿奥尔布赖特，小时候的理想就是要做美国的国务卿。后来，经过多年的奋斗，终于实现了自己的理想。她的成功来自顽强的毅力。

提起"棋圣"聂卫平。大概无人不知。其实聂卫平下棋的天赋远远不及他的弟弟聂继波。从小两人下棋，每次搏杀的结果都是弟弟聂继波大获全胜。弟弟聪明、敏捷，棋道灵活，下棋水平比聂卫平高得多，几十盘棋下来，聂卫平从没有胜过一局，输得极惨。但聂卫平意志极为坚强，虽屡遭失败但仍不服气，总是下决心在下一盘战胜弟弟。他屡战屡败，屡败屡战。聂卫平就凭着这种不甘失败、顽强奋斗、坚忍不拔的钢铁般意志，终于走出了失败的阴影，不仅战胜了弟弟，而且取得了奇迹般的成功。

尽管聂卫平远不如弟弟聪明，但是因为他那坚忍不拔的意志使他做出了远胜过弟弟的巨大成就。由此我们深刻地体会到爱因斯坦所言的真正含意：意志远比聪明、智慧更重要！其实，普通人所有的犹豫、顾虑、担忧、失望。在一个强者的内心世界中也同样会出现。鲁迅彷徨过，伽利略屈服过，哥白尼动摇过，奥斯特洛夫斯基想到过自杀，但这并不排除他们是坚强的人。刚毅的性格和懦弱的性格之间没有千里鸿沟。刚毅的人不是没有过软弱，只是他们能够战胜自己的软弱。只要加强培养和锻炼，从多方面向软弱进行斗争，完全可以成为有毅力的人。

培养毅力。要从树立远大的理想开始。毅力是一种顽强追求的精神。当一个人树立了远大理想，并脚踏实地去为之奋斗，他就能在坎坷曲折的道路上，始终不渝地向前迈进。失败了，继续干；跌倒了，爬起来。强烈要求达到某一目标的愿望，能使人具有战胜困难与阻力、失败与不幸的精神力量。这样，就能在一种崇高精神的推动下，表现出一种顽强的毅力。

培养毅力，要有达观的胸怀。放眼社会，你就会看到自己那一点痛苦不过是千百万人都会碰到的一件平常的事罢了。把眼光放远一点，通过漫长的人生看今天，就会感到"人生坎坷寻常事"。现时的挫折不过是人生旅途中一段小小的弯路。随着视野的开阔，观察角度的更新，其眼光就能超越眼前的痛苦和不幸，看到更远的前程，进而产生一种伟大的力量去战胜眼前的困难。

培养毅力，就要战胜自己在意志品质上的薄弱点。诸如怕苦畏难，一时的狂热而无持久的耐力，以及懒惰的个性等等。就拿人的惰性来说，这是妨碍培养毅力的不利精神因素。一个人如果贪图轻松安逸，精神就无法振奋起来。反之，每战胜一次惰性，毅力就会增长一分，长此以往，意志才会坚强起来。

培养毅力，要从一点一滴的小事做起。生活中一些不良习惯的形成，往往都是从小事开始的。正确对待生活中的小事，增强自制力，约束不良行为，从一点一滴做起，对培养毅力是非常有益的。

让·多塞

自信是人生成功的奠基石

让·多塞1916年生于法国图卢兹。他的父亲是一个优秀医生，他希望儿子长大后能继承自己的事业。借一次与多塞到卢瓦尔河漂流的机会，父亲向多塞介绍了很多有趣的医学知识，还讲了许多医生为病人解除痛苦时所体验到的成就感与快乐，这使让·多塞逐渐对医学产生了兴趣，并最终做出了学医的选择。巴黎大学毕业后，他在第二次世界大战中为一输血单位服务，从而引起他对血液学和输血免疫反应的兴趣。1958年，他第一次发现人类的主要组织相容性抗原（HLA）中的一种，命名为Mac。他在这方面的研究促成组织分型，有助于减少器官移植的排斥反应。因其在免疫学中的先驱作用，1980年与他人同获诺贝尔生理学与医学奖。

● **名人名言**

自信是人生成功的奠基石，人的成功之路必须踏着自信的石阶步步登高。有了自信，人才能达到自己所期望达到的境界，才能成为自己所希望成为的人，才能坚持自己所追求的信仰。

● **精彩解读**

美国作家爱默生说："自信是成功的第一秘诀。"很多事实证明，自信是大多数成功人士共同具备的品质，也是一个人获得成功的重要因素。人们常说，一个人在生活中不怕被别人击倒，因为他会再次爬起来；最可怕的是自己把自己击倒，这样他就再也没有希望了。怎样才能避免"自己把自己击倒"呢？那就需要自尊和自信。自信的人生是永远不会被生活击败的，除非他自己最后精疲力竭，无力拼搏。

自信是人生成功的奠基石，人的成功之路必须踏着自信的石阶步步登高。有了自信，人才能达到自己所期望达到的境界，才能成为自己所希望成为的人，才能坚持自己所追求的信仰。无论在什么情况下，自信者的格言都是："我想我能够的，现在不能够，以后一定能够的！"自信不仅能改变周围的环境，还能改变自己。

一位心理学家从一群大学生中挑选出一个最不自信的姑娘，并要求她的同学们改变以往对她的看法。在很长一段时间里，大家都争先恐后地照顾这位姑娘，向她献殷勤，陪她回家。一年之后，这位姑娘变化很大，连她的举止也与从前判若两人。她认真地对人们说：她获得了新生。其实，她并没有变成另外一个人——在她身上只是展现出每一个人都蕴藏的潜质。这种美只有在人们自己相信自己，周围所有的人也都相信我们、爱护我们的时候才会展现出来。

可见，自信能够创造奇迹。

但是，自信并不是天生的。也不是任何人都具备的。很多人的自信心是很低的。特别是经过一番生活历练，尝到一些生活的苦辣酸甜后，有人就会自惭形秽起来。还有的人竟然学会如何自我贬低，以此来预防生活的失败。他们认为，自信是一种危险的品质，人越自信，就越容易碰钉子，越容易成为众矢之的，所以最好是夹着尾巴过日子。其实，这种人正是自己扼杀了自己的前途，如果他们充满自信，昂起头来做人，不仅他们的事业可能成功，而且他们的人生会更加缤纷多彩。

● 小 建 议

建立自信是一个过程，也是一项工程，必须按照一定的原则一步步才能实现。建立自信的几大要点：

1. 最重要的是对自己的看法

要时刻提醒自己，在生命的旅程中，只有你才能真正为自己负责，不要指望别人，别人的看法不会比你对自己的看法更重要。要自己拯救自己，不要自暴自弃。

2. 建立坚毅的内在价值观

衡量一下你心中的价值取向，什么是你认为真实、美好、永恒而值得追求的。记下自己的价值观，了解自己的信仰，并且自问为什么选择此种价值观、此种信仰，这是对生命的深层次的思考。一旦你最终说服了自己，决定毕生为某种价值和信仰去奋斗，你就确立了生生不息的行动力，确立了日久弥坚的自信心，你就能以自信心说服别人，说服自己；就能在五彩缤纷的世界里始终持有对成功目标的坚定信念，并一步步走向成功。

诺曼·拉姆齐
诚实是心灵美的重要标志

诺曼·拉姆齐，美国物理学家。由于发明了分离振荡场方法，为研制世界上最精确的计时工具——铯原子钟做出了重要贡献，而荣获1989年诺贝尔物理学奖。

● **名人名言**

诚实是心灵美的重要标志。诚实的美表现在与人的交往中，就是要讲真话，守信用，不说谎，不欺骗。

● **精彩解读**

现实生活中，许多人把说谎、欺骗视为获取成功的一种手段，他们相信说谎、欺骗会给自己带来好处。一些本来信誉很好的商店，也往往掩饰自己货物的弱点，用动人的广告来哄骗消费者。有许多人认为，在商业上，欺骗如同资本一样，是十分必要的。他们认为，在商场中处处讲实话几乎是不可能的事情。其实这是一种人格扭曲的表现。

而只有那些立足于事实、诚实不欺的报纸，才是新闻界的中流砥柱，他们最终的销量要比那些经常欺骗读者的报纸多出数百倍。所以，由于一贯讲真话而获得的声誉，要比由欺骗暂时所获得的好处，更具价值。

诚实是心灵美的重要标志。俗话说："鸟美在羽毛，人美在灵魂。"灵魂美，即人的道德品质、精神境界、思想意识和志趣情操之美。托尔斯泰说："人不是因为美丽才可爱，而是因为可爱才美丽。"一个外表很美的人，当你发现他的灵魂十分龌龊的时候，那他给人的美感也就渐渐消失了。相反，一个外表丑陋的人，如果我们一旦发现他的心灵美好、行为高尚，我们就会忘记他的丑陋，甚至觉得他变得好看起来。灵魂美是高尚的，但其核心是诚实，因此，诚实也是一种美。

对一个人来说，拥有诚实是本质的美。它与外在的美相比，占主要地位，起决定作用。比如，你到新华书店去买一本书，找了很久也找不到你要的书。你急得团团转，不得不和颜悦色地询问一位长得很漂亮的女售货员，她怕麻烦，嚷道："没有就是没有了，你啰唆什么？"这时，一位中年男售货员过来，问明情况后热心地到书库里找到了一本。你一定会从心底里感谢他，他那美好印象会深深地刻在你的脑海里。尽管那个女售货员长得很美，但你并不觉得她美。而那位男售货员虽然长得不那么美，但他的热情服务、诚实待人的行为感动了你，你会觉得他的形象是美的。

一位学者说："人的肉体和外貌的美，只有被他的内在精神所照明的时候，才是真正的美。否则，他的美就具有虚伪不实的性质。"据史书记载，古人许允之妻长得奇丑，拜过天地之后，许允不入洞房，后经朋友劝说才进去。他一见妻子的容貌，又要往外走。他妻子拽住他不放。他问妻子："妇有四德。你有其中的几德？"妻子回答说："我缺少的只有容貌（德容），而士有百种品行，你有几种？"许允说："都有。"妻子说："百种品行中第一位是德。你好色不好德，为什么说都有？"许允听后面有愧色，从此夫妻相敬如宾。

诚实的美表现在与人交往中，就是要讲真话，守信用，不说谎，不欺骗。言而无信，会失掉集体和同志，会把自己孤立起来。著名的"狼来了"的故事就是告诫人们，如果不诚实而失去信誉就得不到别人的认可和帮助。

有句谚语说得好：谎言会使人终生无友，诚实是友谊的纽带。正直的人，不仅不应对人有不诚实的行为，也不应容忍别人不诚实的态度。对人诚实与尊重的行为和态度，在日常生活中常常体现在：热情大方，和蔼可亲，言而有度，真实可信，不以己之长比他人之短，实事求是地评价自己和他人。

爱美，是人类的天性。芬芳的花卉，美妙的音乐，壮丽的风景，明亮的月色，崇高的人格，诚实的品德……美的事物可以说是多种多样，社会的进步正是人类对美的追求的结果。朋友们，诚实是一种美，让我们张开双臂拥抱她吧！

威廉·拉姆塞

换位思考能促进和谐

威廉·拉姆塞是英国化学家。1852年10月2日生于苏格兰。因发现氦、氖、氩、氪、氙等气态惰性元素，并确定了它们在元素周期表中的位置，而获得1904年诺贝尔化学奖。

● **名人名言**

换位思考能促进和谐，人生活在这个世界上，应该多一份爱心，多一分理解，多一分宽容。

● **精彩解读**

我们都注意到：一个三四岁的小孩子总是不喜欢待在商场里，这常常让大人们感到不能理解。为什么商场里琳琅满目的商品和丰富的食品都不能吸引小孩子呢？很多专家都无法解释。有一位儿童心理学家却轻而易举地解答了这个问题。他的方法其实很简单：你蹲下来，处在和小孩子同样的高度环视四周的景象，结果看到的都是大人们的腿。

记得小时候经常做一种游戏：两腿叉开，头向下从两腿之间往后看过去，本来习以为常的乡间景色这时便有了新意，让人百玩不厌。以上两个看似简单的事例实际上蕴藏着并不简单的道理：换位思考。

我们在生活中如果能够多一点换位思考的话，那么人与人之间就能够多一分理解、宽容与和谐。因此，聪明的人在与别人相处的时候总是能够很和睦，很大程度上是因为他们懂得运用换位思考。

人世间有很多的矛盾。常常是因为只站在自己一边来思考问题，而不能设身处地地去换位思考——"假如我是对方又会怎样"？实际上，有很多事情都不是以自己个人的意志为转移的，遇到任何事情都应该客观地分析、认真地思考，不能盲目冲动，否则就会适得其反。有句话说："要想公平，打个颠倒。"其实是用通俗的语言表达了换位思考的重要性。

所以，当人们遭到各种事情的时候，应该换个角度去看问题，不能一条道走到黑，不能一个劲儿地钻牛角尖。在学习中也应如此，只从一个角度去分析、解答问题，是不会有进步的。在生活中遇到的事情要比学习中的问题多得多，而且是五花八门的，这就要求我们更要注意运用"换位思考"这个妙方，多一些理解，少一点埋怨；多一些宽容与和谐，少一点斤斤计较。如果做到了，事情就容易解决了。

某书中有这样一段话："人想要改掉坏脾气，就要想到人不可能一模一样，各有其长，也各有其短，没有十全十美的人，因此就应该互相体谅、相互迁就，就算不合我意，对我们也没啥损伤，有何可生气的。再说，天下没有自以为是的豪杰，怎么可以只要求别人，而不要求自己呢？若是听到诽谤就动怒，想尽办法加以辩论袒护，正是作茧自缚、自取其辱的做法。"

总而言之，人是需要相互理解，相互支持的，而不是相互猜疑，互相拆台；是需要宽宏大量，而不是"小肚鸡肠"；应该善意地去待人，不应该处处与人为敌；应该多一份真诚，而少一些谎言。

站在别人的角度来考虑。在现实生活中，人人都有自己的利益，所以每个人都会从自己的角度来看问题，立场自然有所不同，因此也常常会发生矛盾。越是有矛盾，越是难以互相理解。如果能够跳出这种思维模式，学会从别人的角度看自己，就会发现一个颠倒的世界，也会发现一个公平的世界。

● 小 资 料

发现惰性气体家族的化学家

1868年8月18日，英国天文学家罗克耶尔和法国天文学家詹森用光镜分析太阳突出物（日冕）时，根据光谱线确定了一种人们从未发现的物质。他们认为这可能是一种特殊的天体物质，地球上没有这种物质，只在距我们15亿公里的太阳上才有。于是罗克耶尔决定把这种新物质叫作太阳——氦。"氦"在希腊文里就是太阳的意思。地球上真的没有氦吗？27年后，英国科学家拉姆塞和瑞利在地球上发现了氦。

托马斯·韦勒

成功＝智慧＋创新＋科学

托马斯·韦勒，美国医学家、病毒学家。因在非神经组织中成功培养出骨髓灰质炎病毒（即：小儿麻痹症病毒），而获得1954年诺贝尔生理学及医学奖。

● 名人名言

有了智者的头脑，有了创新的精神，有了科学的规律，这样的人，很容易成功。

● 精彩解读

世界上本没有路，只是走过的人多了，也就变成了路。但人不能总是走别人的路。一个人的成功，就是因为他走了一条别人不曾走过的路。世界上只有一个金利来，只有一个比尔·盖茨，只有一个毛泽东，他们都是成功者，他们都走了一条自己的路，一条创新的路。

古代有个叫王质的樵夫，有一天他在山中砍柴，为了避雨来到一个山洞里。洞中有两位老者在下棋。他便在一旁专心观看起棋局来。棋逢对手，杀得难解难分，一直下了七天才分出胜负。这时王质想起回家，一看斧头的木柄都已经腐烂。回到原居处，别人都认不得他，他也认不得别人，一切都变得非常陌生，不知何朝何代。原来，"洞中方七日，世上已千年"。

这个故事说明了一个深刻的道理：你只要放松自己，过几天"神仙般日子"，回过头来，这个世界立刻就让你"看不懂"了。王质所处的悠闲的"农业时代"尚且如此，更何况如今的"信息时代"呢？

无论是昔日商界巨富洛克菲勒、声名显赫的亨利·福特，或是其他世界级的石油大王、钢铁大王、汽车大王等，可能也都无法看懂今日的世界。在20世纪末的某一天早晨，"大王"们一觉醒来，会惊讶地发现，他们已经司空见惯了的财富排行榜发生了戏剧性的变化，以比尔·盖茨为首的一批名不见经传的"小人物"贸然闯了进来，并以令无数"大王"汗颜的速度，荣登全球富豪的金、银、铜宝座。微软公司的市值超过了美国三大汽车公司的总和，百年积蓄也难与其匹敌，怎能让人想得通？

"大江东去，浪淘尽，千古风流人物。"农业时代出现的大大小小的地主、财主，必然要被洛克菲勒、亨利·福特和卡耐基们所替代。而工业时代的石油大亨、汽车大王、钢铁大王，又必然要让位于新的财富霸主——这是信息时代、知识经济的必然产物。

"江山代有才人出，各领风骚数百年。"还是那句话，过去不等于未来。过去不成功，不等于未来不成功；同样，过去成功也不等于未来一定成功。因此，只有不断创新，才能持续成功。创新不需要天才，创新在于你能找出新的方法。任何事情的成功，都在于他们能找出把事情办得更好的办法。创新并不神秘。其实，创新有大有小，内容和形式可以各不相同。创新活动不仅仅是科学家们的事，我们普通人，想成功也能办到。当然，你得下番苦功夫，坐享其成，只会是白日做梦，竹篮打水一场空。

创新必胜，保守必败。要创新，就得有创新的精神，就得有创新的思维，就得克服保守思想、惯性思维。保守思想，往往会冻结你的心灵，阻碍你的进步，干扰你进一步发展的创新能力。当然，创新思维不是无源之水，无本之木。有志者，事竟成，这是创新者的性格。创新是在实践的基础上产生的，踏破铁鞋无觅处，得来全不费工夫，创新者往往是这样的顿悟。有了智者的头脑，有了创新的精神，有了科学的规律，这样的人，很容易成功。

● 小建议

培养你的创造力

以下是具有创造力的人都具有的一些特点：对未来持乐观的态度；不满现状，采取建设性的态度；好奇心强，观察力敏锐；胸襟开阔，能包容许多事物；喜欢冒险，有多方面的兴趣；自觉有不良习惯，立刻改正；能够独立思考。

索因卡

梦想和目标都需要时间慢慢培养

索因卡出生于尼日利亚，在英国利兹大学攻读文学时，对戏剧产生了兴趣，毕业后开始写剧本。1958年进入伦敦皇家宫廷剧院任剧本编审，1960年回国研究民间文艺，他把西方戏剧艺术和非洲传统的音乐、舞蹈、戏剧等结合起来，开创了用富有非洲乡土气息的英语演出的西非现代戏剧。1959年索因卡的剧本《新发明》《沼泽地居民》《雄狮和宝石》先后在伦敦和伊巴丹上演。1986年获得了诺贝尔文学奖，他是第一个获得诺贝尔奖的非洲人。

● 名人名言

梦想和目标都需要时间慢慢培养。如果你能让梦想自由发展，给它更多的空间，它就有可能带领你走到一个你不曾预期的方向。不要太快抓住你的梦想，给梦想一点时间，让它在你心中沉淀。当你发现它再度出现时，跟着你的梦想一起前进。

● 精彩解读

看看我们的周围，或是小贩，或是教授，每个人都在追求自己的人生梦想，同时又有一个问题：如果在你追求梦想的过程中，发现自己真正追求的是另一个梦想呢？

一个梦想常常会引导出另一个梦想，你必须允许自己梦想转变。我们都听说过某个人在某个领域内达到巅峰之后，继续在另一个似乎完全不相关的领域里追求另一个高峰。这样做很棒，同时也希望你能接受这种转变，因为他既然能成就这个梦想，那么他很可能也会在另一个梦想里有出色的表现。

假如一个大公司里经理级的人才，决定转行自己经营一份小生意或一间家庭式旅馆，只要有梦想。无论他决定做什么，都很可能取得成功。假如一位领有执照的会计师，决定从事神职工作或者一名牧师想做技工，如果这真是他们衷心企盼的事情，那么我的建议是：做出改变的决定。

现在的生活环境和工作场所，不见得就比下一个好。成功的定义与方向在于你想要什么，而这个愿望随时可能改变，由此你对成功的定义也可能会有所不同。同时，你必须认清一件事：你可以比你想象中拥有更多的选择。人们常常陷入抉择的困扰中，误以为自己只有1、2、3三种选择或仅能在自己所想的选项中做出决定。但事实上，在任何情况下，我们都有无数的选择，其中包括我们未曾想过或从来没有人想到过的各种可能，不要错过更新、更好的梦想。

那么，你该如何辨别这个新目标究竟是一个潜在的危机，还是一个值得追求的新方向呢？检查一下你对它的企图有多强烈，这真的是你想要的吗？此刻它是你生命中最渴求的事情吗？这个新的梦想能持续多久？它会不会增长？还是几天之后就会消失的一个念头呢？你对这个梦想看得比上一个更清楚吗？

接着再客观地审视这个目标：它是不是符合你对自我以及你与生俱来的使命的认识？它是否违背了你所信仰的真理？如果这个新的梦想和你的价值观背道而驰，那么这个梦想也不会长久。给你的梦想一点时间，它可能会有新的发展。

我们可以将自己的梦想和目标写在纸上。但是一个真正符合我们人生使命感的梦想，则不需要靠白纸黑字来声明。这个梦想和目标会成为我们的一部分。我们会无时无刻地想着它们、思索着它们。我们无法躲藏，也不能逃避；我们永远不能脱离这个梦想。梦想永远在那里，它是我们的生活重心，也是我们活力的源泉。

安东尼·贝克勒耳

改正错误从头开始

安东尼·贝克勒耳于1852年生于法国，因发现物质的放射性而获1903年诺贝尔物理学奖。

● 名人名言

我原来的想法是错误的，一切必须从头开始。

● 历史回放

在伦琴发现X射线之后，贝克勒耳希望在X射线与荧光之间找到它们的关系，荧光物质是否也能产生射线呢？后来的实验结果表明，贝克勒耳的假设是完全错误的，那么为什么错误的假设会引导出正确的结果呢？让我们来看一看贝克勒耳的实验过程，看一看他的思维过程和他把握机会的能力。

为了达到预想的目的，贝克勒耳选择了一个能在阳光下发出荧光的物质——黄色的硫酸双氧铀钾作为实验材料，荧光没有穿透能力，不会穿过黑纸使胶卷底片曝光，而射线却能穿透黑纸使底片曝光。贝克勒耳的思路是这样的：用黑纸包住一张底片，使光线透不进去，黑纸外表放上硫酸双氧铀钾的晶体。在阳光照射下，铀盐会发出荧光，荧光不会穿透黑纸，如果同时发出射线，底片就会曝光。

贝克勒耳把经过太阳照射的铀盐和黑纸拿到暗房，底片冲洗后，果然在底片上出现了铀盐的黑影，完全符合贝克勒耳的想法。他非常高兴地把实验结果告诉了父亲。一向严谨的父亲默默地想了一会，他觉得这里面似乎还有点不够严谨、不合逻辑的地方，但一时还不能准确地指出，只是语重心长地对儿子说："孩子，现在还不能太高兴了，科学实验需要的是严谨和能经得起检验。"

贝克勒耳马上冷静下来，他知道科学来不得半点马虎，一个新发现需要多次实验才能证实，于是他准备反复试验。可是天公好像有意捣乱，一连几天都是阴雨天气，没有太阳就不能做实验。贝克勒耳只好把准备做实验的几张底片用黑纸包好，放在实验室的抽屉里。为防止纸包散开，他把一把钥匙压在黑纸包上。恰巧，铀盐就放在纸包旁边。

贝克勒耳每天都出去看看天空是否放晴。太阳终于出来了。贝克勒耳收拾停当正准备去做实验，忽然又变天了，原来准备好的底片是否因包裹不严而漏光呢，应该先检查一下。经检查，贝克勒耳大吃一惊，底片已经感光了，上面还印有一把钥匙的影子。贝克勒耳呆呆地坐在暗室的椅子上，脑子里一片空白。

贝克勒耳的思维经过短暂的停顿之后，马上活跃起来。意外现象的出现打乱了贝克勒耳原先似乎非常完美的推断，他原先期待的结果被打得粉碎。

"我原来的想法是错误的，铀盐本身就会放出一种射线，使底片感光。"贝克勒耳恍然大悟。一个新的思路在贝克勒耳的头脑中形成。他站起来，推开暗室的门，外面阳光灿烂。贝克勒耳深深吸了一口新鲜空气，默默地说道："一切必须从头开始。"

● 精彩解读

贝克勒耳在做实验时犯了三个错误：他提出了一个错误的假设，即认为铀盐在发出荧光时会发出射线；他采取了错误的实验方法，在没有对比实验的情况下单独做铀盐在阳光照射下的实验（因为他不知道不在阳光照射下铀盐会发生什么变化）；他对实验的结果做了错误的解释。

犯了三个错误，最后却得到了正确的结果：经过多次试验，贝克勒耳发现，只要照相底片放在铀盐附近，底片都会感光。铀盐能发出一种人们看不见的射线，它是不同于 X 射线的一种新射线。贝克勒耳称为"铀射线"。这样，贝克勒耳就成为第一个发现天然放射性物质铀的人，并观察了铀原子的自发蜕变的放射现象。这是科学研究中的奇迹吗？不。人对自然的认识不可能总是正确的，有了错误的认识并不可怕，能够及时准确地抓住认识与客观存在之间的矛盾，调整自己的认识，继续探索，就有可能走向光辉的顶点。贝克勒耳的发现告诉了我们这个真理。

艾 根

兴趣是探索事物发展的动力

艾根于1927年出生于德国波鸿，由于对极快化学反应研究的突出成就，与英国的诺里奇和波特共获1967年的诺贝尔化学奖。

● 名人名言

兴趣对于一个人的成功是很重要的，他是探索事物发展的动力。

● 历史回放

艾根于1927年5月9日出生在德国西部鲁尔工业区的一个不大知名的小镇——波鸿。他的父亲是波鸿室内交响乐团的大提琴手。在这样一个音乐家庭中熏陶成长起来的艾根具有天赋的音乐才能。从6岁起他就开始学习弹钢琴，经过三年多的学习，他的钢琴已经弹得很不错了。然而一个儿童的兴趣是很不稳定的，渐渐地他失去了对钢琴的兴趣。一天，他终于向父亲说了要放弃学习钢琴。

艾根的父亲对于儿子要放弃学习钢琴的请求很不满意，这不仅因为在一个音乐世家里出了个不爱音乐的人，更主要的是父亲考虑到：不论学习什么如果不能持之以恒，都很难学到真正的知识；只凭一时的好恶而轻率做出决定是很危险的。

艾根的父亲决定审慎地处理这件事。想通过这件事使小艾根成熟起来。经过反复的考虑，父亲同意了儿子的请求。但提出了两条十分苛刻而不近人情的规定：既然不想学习钢琴，就必须完全放弃钢琴；省下的时间必须用于从事严肃的职业。

父亲的这两条决定是颇费心机的，一个音乐世家中出现了个"反叛者"，不能不令他痛心；但对于爱子的选择又不能采取压制的办法，不能伤害儿子的自尊心。兴趣是有一定的时间性的，这一阶段对弹钢琴不感兴趣了，并不等于对弹钢琴就永远失去兴趣，让艾根彻底断绝与钢琴的联系，或许这一强烈刺激能重新激发出艾根对弹钢琴的兴趣。更为主要的是，必须让儿子认识到轻率做出决定的危害性和学会怎样才能正确地做出决断。

最初，这两条规定并没有使少年艾根感到困扰，从紧张而千篇一律的钢琴练习中"解放"出来是一种难得的"自由"，然而，音乐的吸引力太大了，家乡定期举行的室内音乐会使得艾根不仅能在音乐会的舞台看到那些演奏大师们，而且还可以结识这些艺术家，交流对音乐的感受。"不能没有音乐"一种发自内心的痛苦开始折磨着艾根，艾根强烈地感到他需要钢琴。这时艾根才懂得做出一个错误的决定需要付出多么大的代价。他开始偷偷练习钢琴。为了展示秘密练习的成就，他向父亲提出了出人意料的生日活动建议，与家人一起演出舒伯特钢琴奏鸣曲二重奏，演出非常成功，父亲被儿子出色的音乐才能所感动，把他送到一流的老师那里去学习。艾根以更大的热情操练钢琴，并多次参加钢琴音乐会。

这一小小的波折使年少的艾根懂得了人的兴趣是多种多样的，也是很容易发生变化的。要把某一兴趣发展成为一种技能或是一个事业，需要长期艰苦的努力；只有维持住兴趣，才能探索这一事物的本质所在。

● 精彩解读

兴趣是一个人走向事业成功的开始，有人总结世界上数百名诺贝尔奖获得者的成功因素，其中之一就是他们对所研究的科学事业有着浓厚的兴趣。古今中外，卓有成就的人无不对自己所从事的事业，有强烈的浓厚的兴趣。早在两千多年前，著名教育家孔子就说过："知之者不如好之者，好之者不如乐之者。"

兴趣是一个人对客体的选择性态度，是在需要的基础上形成的。需要有生理方面的和心理方面的，当需要得到满足时，就产生情绪的快感。这种选择性态度，称为兴趣，兴趣随年龄的增长有所变化。广泛的兴趣，使人精神生活充实，并能应付多变的环境，兴趣使人充满欢乐。积极的兴趣能丰富人的知识，开发智力；广泛而稳定的兴趣，能开阔眼界，使人知识丰富；长期稳定的兴趣，能促使人勇于探索，深入思维爆发出创造性的智慧。发展积极兴趣，对提高学习效率十分重要。教育学家乌申斯基说："没有兴趣的强制性学习，将会扼杀学生探求真理的欲望。"可见，兴趣对一个人的个性形成和发展、对个人的生活和活动起着巨大的作用。

约翰·纳什

爱是无法用逻辑证明的

约翰·纳什（1928年6月13日—2015年5月23日），美国数学家，现任普林斯顿大学数学系教授，美国科学院院士，主要研究博弈论和微分几何学，国际公认的博弈论创始人之一。1994年，因在非合作博弈的均衡分析理论方面做出了开创性贡献，对博弈论和经济学产生了重大影响。他和其他两位博弈论学家约翰·海萨尼（美国）和莱因哈德·泽尔腾（德国）共同获得了诺贝尔经济学奖。

● 名人名言

我试图一生用逻辑证明一切，但有一种东西是逻辑无法证明的，那就是爱。

● 精彩解读

1994年，纳什在领取诺贝尔经济学奖后，发表获奖感言时，深情说道："我试图一生用逻辑证明一切，但有一种东西是逻辑无法证明的，那就是爱。"

纳什这位具有非常才能的数学天才，在21岁时已成为普林斯顿大学的博士，他的一篇关于非合作博弈的博士论文和其他相关文章，确立了他博弈论大师的地位。不到30岁已经闻名遐迩。1958年，纳什因其在数学领域的优异工作被美国《财富》杂志评为新一代天才数学家中最杰出的人物。但这位少年天才，就在30岁，即将成为麻省理工学院高级教授的时候，他的脑子出现了可怕的问题。经医生诊断，纳什得了妄想型精神分裂症。在之后的几十年里，纳什就在医院、医药、孤独和数学研究中度过。有人说，站在金字塔尖上的科学家都有一个异常孤独的大脑，纳什发疯是因为他太孤独了。但是，纳什在发疯之后却并不孤独，他的妻子、朋友和同事们没有抛弃他，而是不遗余力地帮助他，挽救他，试图把他拉出疾病的深渊。越来越多的人聚集到纳什的身边，他们设立了一个资助纳什治疗的基金，并在美国数学会发起一个募捐活动。基金的设立人写道："如果在帮助纳什返回数学领域方面有什么事情可以做，哪怕是在一个很小的范围，不仅对他，而且对数学都很有好处。"妻子和朋友的关爱终于得到了回报，在与病魔进行了30年抗争之后，纳什渐渐康复，从疯癫中苏醒，而他的苏醒似乎是为了迎接他生命中的一件大事：荣获1994年诺贝尔经济学奖。约翰·纳什是所有诺贝尔经济学奖得主中最不幸的，又是不幸中最万幸的人。妻子全心全意的呵护和普林斯顿大学无微不至的照顾，对于所有的这一切，纳什在清醒后表示，"我在这里得到庇护，因此没有变得无家可归。"纳什，也在得与失的博弈中取得了均衡。

纳什没有因为获得了诺贝尔奖就放弃他的研究。在诺贝尔奖得主自传中，他写道："从统计学看来，没有任何一个已经66岁的数学家或科学家能通过持续的研究工作，在他或她以前的成就基础上更进一步。但是，我仍然继续努力尝试。由于出现了长达25年部分不真实的思维，相当于提供了某种假期，我的情况可能并不符合常规。因此，我希望通过目前的研究成果或以后出现的任何新鲜想法，取得一些有价值的成果。""兴趣是成为数学家最主要的因素"，有的东西很美，但未必实用；而有的东西实用，但未必很美。数学之美体现在它的实用性上。数学很美，数学家的人生也很美，感谢数学吧！

保罗·克鲁格曼
共同努力寻找一个方式解决问题

保罗·克鲁格曼，美国经济学家，普林斯顿大学经济与国际事务教授。主要研究领域包括国际贸易、国际金融、货币危机与汇率变化理论。因他在分析国际贸易模式和经济活动的地域等方面所做的贡献，荣获了2008年诺贝尔经济学奖。

● **名人名言**

这是人类历史上最大的危机，我们必须要这么做，如果光是愤怒、生气是没有用的，我们要共同努力寻找一个方式解决问题，而不是过多地坚持自己的看法。

（2008年诺贝尔经济学奖得主保罗·克鲁格曼在中国进行访问后发表的临别赠言，说明面对这场全球的金融危机的办法必须是大家团结起来，共同应对。）

● **精彩解读**

克鲁格曼的主要研究领域包括国际贸易、国际金融、货币危机与汇率变化理论。他创建的新国际贸易理论，分析解释了收入增长和不完善竞争对国际贸易的影响。他的理论思想富于原始性，常常先于他人注意到重要的经济问题，然后建立起令人赞叹的深刻而简洁优雅的模型，等待其他后来者的进一步研究。他被誉为当今世界上最令人瞩目的贸易理论家之一，而他在1994年对亚洲金融危机的预言，更使他在国际经济舞台上的地位如日中天。他目前担任着许多国家和地区的经济政策咨询顾问。1991年，他成为麻省理工学院经济系获得克拉克经济学奖的第五人。人们普遍认为，克鲁格曼获得诺贝尔经济学奖只是一个时间问题。

我们现在都知道全球正在经受一场史无前例的金融危机，现在全世界，研究这方面的经济学家必然会受到人们广泛的关注。但是从问题的另一个角度来考虑，也是因为这个金融危机是史无前例的，所以以前针对金融危机这个非常透彻的研究，目前还没有特别地看到，只是可能有些理论的衍生或者进一步推理能够对金融危机带来一定的影响，或者说对金融危机的发展有一定的指导作用，但是直接对金融危机的研究并没有直接看到。

对经济学来讲，必须要切身地感受这个经济。美国被认为是相对完善和发达的市场经济，他们国家的小孩儿，从小就经历了父亲买卖股票、经济危机失业等状况，从小经历了这样一种市场经济，可能会使其萌发很多对这种东西，或者对市场经济的考虑和思量。对于我们中国，我们的社会主义市场经济现在建立的可能还不够完善，在发展过程中，我们可能很多人没有切身地得到这种实践性的知识，这种理解问题的能力是一种逐渐地潜移默化式的。另外还有一点，就是美国和中国对于解决经济问题的方法不同，即处理这类学术问题的方式不同。美国更多的是用很多的数量化的东西，像保罗·克鲁格曼用他的模型来展示，他的很多模型都对于外汇市场的交易有着非常重要的指导意义。对于我们中国人来说，或者是对于我们现在的经济学研究来说，现在可能还不够重视计量或者数量的研究，未来应促进国内数量方面的研究。

哈耶克

哪里没有财产权，哪里就没有正义

哈耶克（1899-1992），奥地利裔英国思想家、经济学家，新自由主义的代表人物。因其深入研究了货币理论和经济波动，并深入分析了经济、社会和制度现象的互相依赖，1974年他与瑞典经济学家缪达尔共同获得诺贝尔经济学奖。哈耶克早期以研究货币和经济周期理论成名，提出货币投资过度理论。他认为经济周期的根源在于信贷变动引起的投资变动。

● 名人名言

哪里没有财产权，哪里就没有正义。

● 精彩解读

哈耶克在其著作《致命的自负》中提出了他的观点"哪里没有财产权，哪里就没有正义"。他认为，如果人们想要自由、共存、相互帮助、不妨碍彼此的发展，那么唯一的方式是承认人与人之间看不见的边界，在边界以内每个人得到有保障的一块自由空间。这就是个人的财产权利，哈耶克称为"权利的分立"，并声称"分立的权利是一切先进文明的道德核心"，"是个体自由不可分离的部分"。他还认为，有了财产权利的分立，才有了个人自由和尊重他人自由的道德观念，进而培养了一种对超越任何个人及多数或少数的集团利益的规则（规则的核心部分是"分立的财产权"）的尊重，即"法治精神"，这是社会稳定和经济繁荣的基础。

经验和利益的偶然结合，往往会向人们揭示出事件中人们还很少了解的方方面面，如果从长远考虑，我们是自己命运的创造者，那么，从短期着眼，我们就是我们所创造的观念的俘虏。我们只有及时认识到这种危险，才能指望去避免它。哈耶克认为，判断一个社会好坏的标准不是经济福利，而是人的自由程度。哈耶克特别反对把经济福利作为理想社会的目标。他认为追求经济福利的目标必然导致国家干预经济。理想社会要通过法治才能实现，要做到这一点，就要实现思想解放，把人的思想从崇尚国家的现代蒙昧主义下解放出来，自觉地为实现这种理想而奋斗。

随着交通工具和信息技术的发展，人类社会经历了市场法则国内化到国际化再到全球化的过程，21世纪将是一个人类走向全球化的更加开放的世纪。经济全球化是21世纪不可阻挡的历史潮流。世界要走向中国，中国也要走向世界。历史潮流，浩浩荡荡，挡是挡不住的，躲也是躲不掉的，唯一正确的态度是迎上去，做新时代的弄潮儿。"我们已经迈入全球化的时代，对每一个希望本国加入全球化进程、并参与现代社会发展的人而言，其实都应该了解哈耶克，研究哈耶克。全球化要求实行和平自由的交换以及竞争的市场经济，这必将进一步推动创新，让更多的人实现富裕。"一生追求自由市场经济的哈耶克对此的论述对于力图建立以市场经济为基础并服务于市场经济的新的治理体制的我国具有重要的规范性意义。哈耶克认为，政府与社会中其他组织一样，仅仅是社会中的一种组织，而不是社会的主宰。政府的首要职责是为社会的自我成长提供基础性保障。政府与一般组织的最大不同就在于政府拥有强制性权力，而社会中一般组织不得拥有强制性权力。但是，只要占主导地位的观点被认为对所有人有约束力，即大多数人关于是非曲直的信念能够阻碍个别发明家的道路，少数企图把机械发明更广泛地应用于工业的尝试，尽管其中有些非常先进，仍很快地被压制了，寻求知识的欲望也被窒息了。现代的计划者和他们的反对者之间的争论，不是关于我们是否应当在各种可能的社会组织之间明智地选择的争论，也不是关于我们是否应当运用预见和系统思考来计划我们共同事务的争论。它是有关最好方法是什么的争论。

西尔玛·拉格洛夫
这些情谊如何才能报答

西尔玛·拉格洛夫（1858—1940），瑞典女作家。1909年凭借作品《骑鹅旅行记》获得当年诺贝尔文学奖，它的获奖理由是"作品中特有的高贵的理想主义、丰富的想象力、平易而优美的风格"。她是瑞典第一位得到这一荣誉的作家，也是世界上第一位获得诺贝尔文学奖的女性。拉格洛夫同时也是瑞典皇家科学院的第一位女院士，她的作品被称为达到艺术最高境界的"国家的史诗"。

● 名人名言

那些珍视我的作品，替我创造各种机会的人，给了我比生命本身更美好的东西，使我能拥有伟大的爱、崇高的荣誉和名声。这些情谊如何才能报答？

● 精彩解读

这段话出自拉格洛夫领取诺贝尔文学奖时的获奖感言，当处于人生最荣耀的时刻，一个成功者在人生巅峰时怎样看待自己取得的成就，怎样对待荣誉，怎样恰当地总结过去面对未来，这是一个严峻的考验。浅薄者或许会让胜利冲昏头脑，狂妄者难免会得意忘形，就是头脑清醒者也很难再保持冷静，唯有那些真正淡泊名利、胸怀博大的人才能不惊不躁、不骄不狂，从容应对，如处平常。

拉格洛夫的致谢辞既是一篇奇特的妙文，又是一次与众不同的内心展露，让人从中看出这位伟大女性所具有的非凡的人格和胸襟。拉格洛夫认为，接受诺贝尔奖，是"一件难以应付的事情"，一直独自居住在老家韦姆兰特过着隐遁的生活的她，对熙攘纷繁的公众生活已倍感生疏，由于获奖要在大庭广众面前抛头露面，应对许许多多的人事，因而有些不大自在，但当她转而想到她的兄弟姐妹和年迈的母亲那一张张笑逐颜开的面庞时，她又"溢满了喜悦之情"。同时当她想到已不在人世的父亲，不能将这喜讯告诉酷爱文学的父亲，她又黯然神伤，深以为憾。随后拉格洛夫思绪一转，展开瑰丽的想象，乘坐梦想的列车，前往天国，去拜见父亲，向父亲倾诉衷肠。她对来自别人的"赞美和批评都同样地感激"，说帮助过她的人实在是太多了。"当我还是个孩子的时候，我同样受惠于挪威的大作家们，我能生活在我国文学的高峰时期，也许是一种天赐。"

　　拉格洛夫的表现令人钦佩的地方还在于，她不仅没有丝毫狂傲，没有志得意满的自持，反而像个惴惴不安的小女孩，面对巨大的荣誉，一下子就将自己心中的忧虑——巨大的负债感，永远也无法偿还的债务，不加掩饰地和盘托出。她认真地检讨起自己成功的缘由不是由于自己如何有能耐，而是由于有无数先辈和朋友的帮助，有世人和读者的厚爱，有社会和自然的恩惠，这才造就了一个文坛的成功者。仅从这一席情真意切、披肝沥胆的话语，就可看出拉格洛夫善良的心性、过人的才气和崇高的情怀。

罗曼·罗兰

智慧、友爱，是照亮我们黑夜的唯一光亮

　　罗曼·罗兰（1866—1900）是法国思想家、文学家、批判现实主义作家、音乐评论家和社会活动家，被称为"欧洲的良心"。罗曼·罗兰除了在文学界享有不朽的地位外，也是研究贝多芬最认真的一位专家，以《贝多芬传》为蓝本所发表的《约翰·克利斯朵夫》更是世界文学经典中的经典。1915年，罗曼·罗兰凭借这部作品，通过"文学作品中的高尚理想和他在描绘各种不同类型人物时所具有的同情和对真理的热爱"获得了当年的诺贝尔文学奖。

● **名人名言**

智慧、友爱，这是照亮我们的黑夜唯一的光亮。

● **精彩解读**

　　这是罗曼·罗兰对友情的精彩诠释，他认为"有了朋友，生命才显出它全部的价值"。

　　纵观罗曼·罗兰的一生，他所接触到的大文豪数不胜数，雨果、歌德、甘地、里尔克、斯宾诺莎……而对他一生影响重大的艺术大师有很多，尤其值得一提的是，他与托尔斯泰建立的深厚友情。托尔斯泰是罗曼·罗兰最景仰的大师。他把托翁当成自己一生的精神导师，对他的作品更是达到疯狂崇拜的态度。"阅读托尔斯泰，可以让我们找到自己，这对于我们的人生是一个启示，是开往广大宇宙的一扇门。"

　　20世纪初，罗曼·罗兰为让世人"呼吸英雄的气息"，为具有巨大精神力量的英雄树碑立传，连续写了几部名人传记：《贝多芬传》《米开朗琪罗传》和《托尔斯泰传》，共称《名人传》。罗曼·罗兰称他们为"英雄"，以感人肺腑的笔墨，写出了他们与命运抗争的崇高勇气和担负

全人类苦难的伟大情怀，可以说是为我们谱写了另一首"英雄交响曲"。傅雷先生说，"在阴霾遮蔽了整个天空的时候"，他从《名人传》中得到的启示是："唯有真实的苦难，才能驱除浪漫底克的幻想的苦难；唯有看到克服苦难的壮烈的悲剧，才能帮助我们担受残酷的命运；唯有抱着'我不入地狱谁入地狱'的精神，才能挽救一个萎靡而自私的民族。"

当年，他获得了诺贝尔文学奖，但由于法国政府的反对，结果拖到第二年的11月15日，瑞典文学院才正式通知他这一决定。罗曼·罗兰将奖金全部赠送给国际红十字会和法国难民组织。1916年，瑞典文学院宣布这一年的诺贝尔文学奖得主是罗曼·罗兰。这个已经被当时的法国抛弃的人，在得知自己获奖以后，答复说"这个荣誉不是我个人的，他是属于整个法兰西人民的。如果这个荣誉有助于传播使法国在全世界受到热爱的各种思想，我感到幸福"。

这种博大的胸襟正如在《约翰·克利斯朵夫》中描写的那样"他不知道自己满腔的热爱在四周发射出光芒，而即便是在这个时候，他自以为永远孤独的时候，他所得到的爱比世界上最幸福的人还要丰富"。他同时也是一个有广泛国际影响的作家，也是著名的社会活动家，一生为争取人类自由、民主与光明进行了不屈的斗争。

萧伯纳

要永远谦逊

萧伯纳，（1856年7月26日—1950年11月2日），爱尔兰剧作家，1925年凭借《圣女贞德》这部作品获得诺贝尔文学奖，获奖理由是："由于他那些充满理想主义及人情味的作品——它们那种激动性讽刺，常蕴涵着一种高度的诗意美"。萧伯纳是英国现代杰出的现实主义戏剧作家，是世界著名的擅长幽默与讽刺的语言大师。

● 名人名言

"一个人不论有多大的成就，他对任何人都应该平等相待，要永远谦逊。"

有一次，萧伯纳从苏联访问回来，他对朋友们谈了这次访问的感想。他说："有一天我在街头遇见一个苏联小姑娘，那小姑娘聪明活泼，逗人喜爱，便同她玩了很久，临别的时候，我对她说：'你回去告诉你妈妈，就说今天同你玩的是世界有名的作家萧伯纳。'而小姑娘听了我的话，竟然学着我的口吻说：'你回去也告诉你妈妈，就说今天同你玩的是苏联姑娘喀秋莎。'""啊！"朋友们听了，都禁不住大笑起来。萧伯纳深有感触地说："一个人不论有多大的成就，他对任何人都应该平等相待，要永远谦逊。"

● 精彩解读

萧伯纳生性乐观，胸襟豁达，具有高度的幽默感与机智，被称为"英国文学史上最诙谐的作家"。他的作品常以幽默的形式表现出机智与风趣；同时，也是他待人接物、处事交际的方式。在家庭生活中，对妻子相敬如宾；对朋友体贴入微；对误解攻击的论敌，从不发火，能保持超脱和镇静的态度或以机智的语言、幽默的妙用去化解；对穷困不幸的人，能给予同情与爱心。人生不是一支短短的蜡烛，而是一支由我们暂时拿着的火炬，我们一定要把它燃得十分光明灿烂，然后交给下一代的人们。正如萧伯纳自己说的那样："我的生命属于整个社会；在我有生之年，尽我力所能及为整个社会工作，这就是我的特殊的荣幸。"

20世纪30年代初，萧伯纳访问苏联和中国，与高尔基、鲁迅结下诚挚友谊。这个世界的辉煌有一部分要归功于那些渴望成功的人对天空无休止的向往。一方面他们是内心焦虑的骄傲者，另一方面又是积极的幻想者。这是一对矛盾，这种矛盾往往只有成功才能平息内在的不安感。人必须尽一切可能使自己获得成功，因为我们天生在生理上有这种需要。如果一定要为成功立下一条定义，不妨说成功与连续的高水平表现有关，也就是随时能做好难做的事，解决发生的事，因得以充分发挥自己的才能而觉得精力充沛、喜悦与心情舒畅。换句话说，成功就是从来不觉得疲劳，而年轻为这一切做好了准备。

萧伯纳的思想具有某种抽象的逻辑上的激进主义性质，思想和一种敏捷的机智结合在一起，完全摈弃了任何形式的常规，加之他那极为生动有趣的幽默——所有这些聚集在一起，形成了文学中几乎前所未有的狂文风格。最令人迷惑不解的是他那嬉戏般的快乐劲儿，这使人们容易认为所有这一切不过是一场游戏，目的是引人大吃一惊。然而这与真相相差得太远，就连萧伯纳本人也有资格颇为公正地声明，他的无忧无虑的安乐态度不过是一种策略：他必须哄得人们发笑，这样人们就不会想到拉他去上绞架了。然而，我们十分清楚，不论有可能发生什么事情，都很难吓住他，使他不再直言不讳；而他之所以选择了这样一种武器，正是因为这种武器对他最为合适，用起来效果最佳。他运用着这一武器，带着一个天才的极端自信心，这种自信来自一种绝对宁静的道德心以及一种诚实的信念。萧伯纳毕生创造幽默，甚至他的墓志铭虽只有一句话，却也恰巧体现了他的风格："我早就知道无论我活多久，这种事情迟早总会发生的。"

罗纳德·罗斯

我的成功得益于坚持

罗纳德·罗斯是英国医生，他最大的贡献是发现蚊子是传播疟疾的媒介。1897年8月他在蚊子胃肠内发现了疟原虫，并搞清了疟原虫在蚊子体内繁殖的过程，寄生虫的繁殖在雌性蚊子体内，再到唾液腺，咬人时注入皮肤。他的论文发表在1897年12月18日的《英国医学杂志》上。为此获得1902年诺贝尔生理学及医学奖。

● 名人名言

坚持、坚持、再坚持，我唯一的力量就是我的坚持精神，我的成功也得益于我的坚持。

● 历史回放

英国医学家罗斯为了证实蚊子是疟疾病菌的媒介，曾长年累月地和蚊子打交道。1893年的夏天，一日，他在显微镜下整整观察了8个小时。炎热的天气使他汗流浃背，蚊蝇的叮咬使他心烦意乱，观察却仍毫无收获。眼看着一天就要过去了，原来供观察用的蚊虫还剩下两只。这时，是坚持到底，还是放弃观察？罗斯毫不犹豫地采取了前者。他以顽强的毅力克服疲劳之身，继续一丝不苟地在显微镜下坚持观察最后两只蚊子。就在这最后的两只蚊子身上，罗斯发现了一种前所未见细而圆的细胞，细胞里含有黑色物质组成的小颗粒，跟疟疾寄生虫的色素完全一样。

正是这两只蚊子使罗斯终于找到了疟疾病传染的根源。罗斯如果稍许心存一点侥幸心理，以为观察了一天都毫无发现，又很疲劳，剩下两只蚊子放弃观察也不碍事，那么这一重要发现也许不会属于罗斯而是别人了。真的是：踏破铁鞋无觅处，得来全在坚持中。

● **精彩解读**

什么是毅力呢？毅力就是坚强持久的意志，它可以归结为两个字，一个是"韧"，一个是"恒"。韧，就是在困难面前不弯腰，不管遇到多么大的压力都要百折不挠；恒，就是要坚持不懈，持之以恒，不能三天打鱼两天晒网。在现实生活中，不少有成就的人都是用韧劲和恒心来学习的。为大家所熟悉的张海迪带病学习就是一个很好的例子；林肯由一个店员成为美国总统，这也和他坚持不懈地学习是分不开的。而有一些人则是由于怕吃苦、怕困难而无所作为。

我国有句古语：飞瀑之下，必有深潭。是说，飞瀑日复一日，年复一年，凭着它那顽强的韧劲，硬是把盆地冲成了碧绿的深潭。在学习上也是这样。

提出"情绪商"的美国著名心理学家戈尔曼曾做过一个"延迟满足"的实验，找了一批4岁孩子，给他们每人一块糖，并告诉他们若能等主持人回来再吃这块糖，则还能吃到第二块。戈尔曼经悄悄观察，发现有的孩子只等了一会儿便不耐烦，迫不及待地把糖塞进了嘴里；而有的孩子则很有耐心，而且很有办法，想出做游戏、讲故事之类种种方式拖延时间，分散注意力，最终坚持到主持人回来，得到了第二块糖。戈尔曼又对这批孩子14岁时和进入工作岗位后的表现进行了跟踪调查，发现晚吃糖的孩子成绩显著，早吃糖的则很平常。这个实验说明，要取得大的成绩就不能急功近利，不能为当前名利所诱惑，能按社会需要不怕挫折、坚持不懈奋斗是取得成就的重要因素。

任何创造发明的成功，除了依靠创造意识、创新思维和创造能力外，还必须具有坚定的信心、顽强的毅力、坚持不懈的精神和坚强的心理承受能力。这是因为所有创造发明都是探寻未知的领域，都是在不清楚的情况下进行探索，每前进一步都要付出艰辛的劳动。

伯特兰·罗素

对一切人要有礼貌

伯特兰·罗素（1872—1970），英国哲学家、数学家、逻辑学家、社会学家，也是21世纪西方最著名的、影响最大的学者和社会活动家，世界和平运动的倡导者和组织者。1950年，获得了诺贝尔文学奖，"以表彰他所写的捍卫人道主义理想和思想自由的多种多样意义"。

● 名人名言

作为一个人，对父母要尊敬，对子女要慈爱，对穷亲戚要慷慨，对一切人要有礼貌。

● 精彩解读

伯特兰·罗素是20世纪西方社会最著名且拥有最广泛读者的思想大师，被人们称为世纪的智者。凡是心灵观照整个世界的人，在某种意义上就和世界一样伟大。他摆脱了被环境奴役的人所具有的恐惧后，便体验到一种深沉的快乐。

他的作品亲切平易而幽默，影响了无数乐于接受智慧的人。用爱因斯坦的话说"阅读这个人的作品使我度过了一生中最快乐的时光"。罗素曾于1920年来华讲学，任北京大学客座教授，时间长达一年之久，其讲稿曾在中国出版，书名为：《罗素五大讲演》。罗素回国后写了《中国的问题》一书，书中讨论了中国将在20世纪历史中发挥的作用。20世纪60年代他曾将他的巨著《西方哲学史》一书寄赠给毛泽东，而《西方的智慧》正是从此脱胎而来。在一切道德品质之中，善良的本性是世界上最需要的。与通常的隐居书斋脱离世事的纯学者不同，罗素是一个具有强烈社会关怀的人道主义者、和平主义者，他终其一生热衷于政治活动和社会事物，并且撰写了大量关于政治和社会方向的著作。他的胸怀充满正义、良知、睿智、温情，多姿多彩，博大精深。罗素文集《幸福之路》和《自由之路》最能体现他的风格，也是他的代表作品。值得每一位善良、正义、向往美好人生的人去阅读。"我们有为的道德就是能通过奋斗取得物质上的成功，这种道德既适用于国家，也适用于个人，青年时期是豁达的时期，应该利用这个时期养成自己豁达的性格。伟大的事业是根源于坚韧不断的工作，以全部的精神去从事，不避艰苦。必要的道德教育最好在婴儿出生的那一瞬间就开始，因为这样开始就不会因太多的期望而失望。"罗素这样讲。

罗素对教育哲学有着浓厚的兴趣。他不仅开办学校，而且经常写一些关于如何教育孩子的著作。他的思想接近于卢梭的学说，反对教会和国家的义务是"浇铸"年轻人的思想。相反，正如他在《教育》中所说，对教育至关重要的是老师对学生的尊重。老师应该"主要从孩子身上感觉到一些神圣、模糊、无限的东西，一些个别的特别宝贵的东西，逐步发展中的生活准则，还有这个世界无声无息的竞争状态的具体片段"。学校教育的危险是培养把历史搅混的爱国主义感情和向年轻人灌输宗教信仰。同样有害的是，在年轻人中反复灌输浅薄的"好的礼貌"观念，这种"好的礼貌"观念对自身的正确性确信无疑，并且认为合适的礼貌比才智或者艺术创造，或者生命力，或者世界其他任何进步的源泉更值得去期望和"追求"。在《教育的宗旨》一书中，罗素阐明了他关于好学校和好教师的看法。他区分了可视作理想品质的四个基本特征：活力、勇气、敏感和智力。例如，活力能使人们摆脱逐渐过时的旧思想，扩大他们对世界的了解和兴趣，由此减少他们对其他人取得成就的不恰当的嫉妒。

勇气的最高类型——不是仅仅建立在抑制的基础上——要求有两个方面的精神特征：自尊和不受个人情感影响的人生观。自尊必须避开谦恭的不诚恳的自卑，应该建立在对自己的目标有个真正了解的基础上。最重要的是，勇气必须面对现实世界，因为"勇气完善的典型出现在有诸多兴趣的人的身上，他感到自我仅是世界的一小部分。这不是通过鄙视自己，而是通过看重许多非他自身的东西而达到的"。

良好教育的第三个特征是敏感，尤其是那种罕有的但却是重要的抽象的同情。这种同情有助于减轻那些远方和看不见的痛苦。罗素说，在个人交往中，友善和慷慨的人，有可能是依靠剥削许多穷人的劳动力来赚钱的人，他从未目睹过这些穷人的苦难。他写道："那就是为什么大规模的工业主义是如此的残酷以及为什么对隶属民族的压迫被容忍的基本原因。"

最后，在学校教育中，智力必须得到发展。这种智力的培养不是通过向孩子们灌输信仰，而是建立在孩子对世界本能的好奇心上。一旦开明、耐性和工业结合，好奇心将造就一个由有教养的公民组成的社会。

海明威

人可以失败，但不可以被击败

　　海明威（1899—1961），美国小说家。1899年7月21日，海明威出生在美国伊利诺伊州芝加哥郊外橡树园镇一个医生的家庭。他的父亲酷爱打猎、钓鱼等户外活动，他的母亲喜爱文学，这一切都对海明威日后的生活和创作产生了不少的影响。1954年，海明威凭借小说《老人与海》获得诺贝尔文学奖，获奖理由是"因他精通于叙事艺术，突出地表现在其近著《老人与海》之中；同时也因为他对当代文体风格之影响"。

● 名人名言

　　人生来就不是为了被打败的，人能够被毁灭，但是不能够被打败。

　　人可以失败，但不可以被击败，外在的肉体可以接受折磨，但是内在的意志却是神圣不可侵犯的，这是《老人与海》一再强调的论点。如老人所说："人生来不是为了被打败的，人能够被毁灭，但是不能够被打败。"

● 精彩解读

　　《老人与海》是根据一位古巴渔夫的真实经历创作的，以摄像机般的写实手法记录了桑提亚哥老人捕鱼的全过程，塑造了一个在重压下仍然保持优雅风度、在精神上永远不可战胜的老人形象。如老人所说："人生来不是为了被打败的，人能够被毁灭，但是不能够被打败。"我一直将这句话看作是海明威的自白，看作是海明威硬汉精神的一种标志。多少年来，这似乎成了一句至理名言。

　　海明威让我知道，人的经历是何等的重要，这是无价的财富。谁都无法轻视自己的经历。人生的意义就在于一种精神，敢于承受痛苦，蔑视死亡。通过海明威传记，知道他是一个酷爱打猎、钓鱼的作家。他到过第一次、第二次世界大战的战场。他的身上中过237片弹片，头上缝过57针，他曾在非洲两度遭遇飞机失事，严重的脑震荡使他的视力和健康每况愈下。桑提亚哥是海明威所崇尚的完美的人的象征：坚强、宽厚、仁慈、充满爱心，即使在人生的角斗场上失败了，面对不可逆转的命运，他仍然是精神上的强者，是"硬汉子"。"硬汉子"是海明威作品中经常表现的主题，也是作品中常有的人物。他们在外界巨大的压力和厄运打击时，仍然坚强不屈，勇往直前，甚至视死如归，他们尽管失败了，却保持了人的尊严和勇气，有着胜利者的风度。

海明威的魅力在于，他净化了当时的文风，掀起了一场"文学革命"。也因此，他被同时代及后来的许多作家奉为典范，并且吸引了世界上一代又一代读者的目光。其春风化雨般的影响，经久不衰。海明威是不朽的，我想，很难再有像海明威这样的作家，他的经历与作品，让我一读再读。因为，海明威是一个无法穷尽的话题。

帕斯捷尔纳克

在别人心中存在的才是你的灵魂

鲍利斯·列奥尼多维奇·帕斯捷尔纳克（1890—1960），苏联作家、诗人、翻译家。主要作品有诗集《云雾中的双子座星》《生活是我的姐妹》等。他因发表长篇小说《日瓦戈医生》于1958年获诺贝尔文学奖。获奖原因是"在现代抒情诗和伟大的俄罗斯叙事文学领域中所取得的杰出成就"。但在1958年10月31日，帕斯捷尔纳克拒绝接受诺贝尔奖，尽管他在给瑞典文学院的信中说他是"自愿拒绝接受"的，但是，西方人士认为是苏联政府迫使他拒受的。

● **名人名言**

现在我说的，您要特别注意听：在别人心中存在的人，就是这个人的灵魂，这才是您的本身，才是您的意识在一生当中赖以呼吸、营养乃至陶醉的东西，这也就是您的灵魂，您的不朽和存在于别人身上的您的生命。

● **精彩解读**

这段话出自小说《日瓦戈医生》中，这部小说表现了革命中的失误，批评了革命中的过激政策，渲染了革命背景下的个人悲剧，贯穿于《日瓦戈医生》中的是浓厚的人道主义精神。小说的人道主义精神首先在于推崇人性的高贵、自由和纯洁，塑造了日瓦戈、拉拉这样两个"纯洁之美的精灵"的形象。他们崇尚个人理性，向往悠悠自由，他们经历的苦难像沉重的十字架一般成就了他们的人格。其次，小说的人道主义精神还表现在反对一切暴力上。日瓦戈说："如果人性中的兽性可以靠暴力和恐吓来征服的话，那我们的理想就是当一个手执鞭子的马戏团驯兽师了。死刑和牢狱并不能把生活铸成为人的模型，法律也不能使生活变得更美好。"日瓦戈的思想有他的局限性，但这种"只有用善行才能引导向善"的人道主义追求，正是他受托尔斯泰影响的结果。小说在批评革命的偏激政策和失误时，也体现出人道主义的价值取向，发出的信任人、爱护人的呼唤值得我们深思。其中的人道主义精神还表现在同情人民的灾难，抨击旧制度的腐朽等方面。

贡布罗维奇说得好："我觉得任何一个尊重自己的艺术家都应当是，而且在每一种意义上都必然是名副其实的流亡者"，政治动荡的年代里，对文化操守的坚持是最可贵的，它对人类一切功利的思维与行动都具有一种透彻的批判意识。帕斯捷尔纳克曾经说过，"艺术家是与上帝交谈的"。这是对艺术家提出的颇高的要求，这就要求艺术家以探寻历史的真谛、人性的真谛、倾听生活最深处的声响的精神面对浮躁的现实人生，揭示出现实与历史的洪流巨变中人的存在的悲剧性，揭示出历史进程的荒诞性。

肖洛霍夫

生活总是用自己的不成文法支配着人类

　　米哈伊尔·亚历山大罗维奇·肖洛霍夫（1905—1984），苏联文学的杰出代表，也是第一个获得东西方普遍公认的苏联作家。1941 年获得斯大林文学奖金，1965 年凭借其作品《静静的顿河》获得诺贝尔文学奖。获奖理由："这位作家在那部关于顿河流域农村之史诗作品中所流露的活力与艺术热忱——他借这两者在那部小说里描绘了俄罗斯民族生活之某一历史层面。"苏联解体后，俄罗斯的文学史界正在重新审视"苏联文学史"，应该说，许多以前的革命现实主义作家都在新的文学史中失去了一席之地，而唯有肖洛霍夫以他的一部长篇小说《静静的顿河》和一部短篇小说《一个人的遭遇》牢牢屹立。究其原因，是因为肖洛霍夫的作品在思想性和艺术性上都经得起时间的考验：在思想性上，他超越了时代的局限，高歌人道主义主题。在艺术性上，他坚持真正的现实主义，使作品具有不凡的魅力。

● 名人名言

生活总是用自己的不成文法支配着人类。

● 精彩解读

　　肖洛霍夫在领取诺贝尔奖的演说中声言："我说的现实主义，就是我们现在叫的社会主义现实主义。"还对这个西方思想界比较陌生的概念做了解释："其特点是，所反映的世界观，不是消极的，不是脱离现实的，而是号召人们为人类进步而奋斗，指出千百万人向往的目标是可能达到的"。他更喜欢说的是现实主义，真正的现实主义，不带任何限定的现实主义。真正的现实主义作为一种文学创作原则，往往超越于意识形态和阶级观念。肖洛霍夫的现实主义只是遵循如实写作的原则而已，他说："要诚恳地和读者说话；要向人说实话，实话有时是冷酷的，但是勇敢的。"所以瑞典皇家学院院士安德斯·奥斯特林执笔的"授奖词"只认可"这是使用已久的现实主义手法"，还为肖洛霍夫辩护说，他所处理的主题"确实无法用其他手法来表现"。

现实生活是不以人的意志为转移的，肖洛霍夫通过他的作品反映的这一主题，告诉我们，大多数哥萨克人，基本上是和平主义，是其民族性格的组成部分，在不清楚战争的原因和目的时，他们更把兵役作为一种恶劣的命运来抱怨。可见，肖洛霍夫更崇尚的是人本主义原则。《静静的顿河》便是这样一部充满多重话语的作品。肖洛霍夫宣称，他是要展现哥萨克人如何通过战争、痛苦和流血走向社会主义的艰难历程，这也就构成了代表主流话语的"伟大的人类真理"。但另一方面，在小说的情节发展中，作家又悄悄地以"人的魅力"的话语置换了人所共知的"真理"，并以此作为评判人物的标准。于是，最富于"人的魅力"的不再是那些纯粹的革命者，而是像格力高里这类"立场"不坚定之人。"生活总是用自己的不成文法支配着人类。"

如赫胥黎所说的那样："我无法驾驭我的命运，只能与它合作，从而在某种程度上使它朝我引导的方向发展。我不是心灵的船长，只是它闹闹嚷嚷的乘客。"无论在别人身上的，还是在自己身上的，一切取决于你，你的力量或你的胆怯。

萨 特

人是自己行动的结果

萨特（1905—1980），法国著名作家、哲学家、社会活动家。主要作品有哲学著作《存在与虚无》《存在主义是一种人道主义》《辩证理性批判》；小说《恶心》《自由之路》三部曲；剧本《苍蝇》和《禁闭》等。1964年凭借作品《苍蝇》获诺贝尔文学奖。获奖理由："因为他那思想丰富、充满自由气息和探求真理精神的作品对我们时代发生了深远影响"。但萨特拒领诺贝尔文学奖，理由是"不接受官方的任何荣誉"，"不愿意被改造成体制中人"。

● 名人名言

行动吧，在行动的过程中就形成了自身，人是自己行动的结果，此外什么都不是。

● 精彩解读

萨特这位著名的存在主义代表作家的世界观的显著特征是以"自我为中心，认为人是其存在先于本质的一种产物，人的一切不是预先规范好的，而是在日常行动中才形成的。"在哲学上，萨特被认为是20世纪三大存在主义哲学家之一。哲学代表作有《存在与虚无》和《辩证理性批判》。在文学上，他是"介入文学"和哲理小说、哲理戏剧的积极倡导者，著有各种篇幅的小说、戏剧、人物传记、政论、文学评论等等。在政治上，他是法国左翼知识分子的代表人物，毕生坚持捍卫无产者和第三世界国家的利益，抨击资产阶级统治和殖民主义。萨特生前身后一直是个有争议的人物，赋予他的最高评价将他誉为"20世纪人类的良心"，而最极端的贬者则斥之为极权统治的同情者和帮凶。

萨特作为一名有影响力的社会活动家，试图改变存在主义哲学的这一方向，转向马克思主义的研究，以求用马克思主义来改造存在主义，使存在主义成为一种积极的人生哲学。但存在主义的马克思主义与萨特本人的《存在与虚无》所代表的传统的存在主义有所不同。萨特认为历史的总体化同时又是人的异化，所谓历史的发展和社会的进步无非是历史的总体化和人的异化无限循环的空间。因而，当萨特谈论历史的总体化时，他是一个乌托邦的浪漫主义者；当他思考人的异化时，他又是一个苦闷的悲观主义者。而且，陷入这种两难困境本身也是一种痛苦。正是在这个意义上，我们说萨特终其一生都未走出存在主义的理论设计。"我感到我的疯狂有可爱之处，那就是起了保护我的作用，从第一天起就保护我不受争当'尖子'的诱惑。我从来不以为自己是具有'天才'的幸运儿。我赤手空拳，身无分文，唯一感兴趣的事是用劳动和信念拯救自己。这种纯粹的自我选择使我升华而不凌驾于他人之上。既无装备，又无工具，我全心全意投身于使我彻底获救的事业。如果我把不现实的救世观念束之高阁，还剩什么呢？赤条条的一个人，无别于任何人，具有任何人的价值，不比任何人高明。生活给了我想要的东西，同时又让我明白这一切没什么意思，你有什么办法？"

"行动吧，在行动的过程中就形成了自身，人是自己行动的结果，此外什么都不是"，是萨特所遵循的行动主义。

托马斯·切赫

没有怀疑，就没有发展

托马斯·切赫，美国生物化学家，1989年诺贝尔化学奖获得者。

● **名人名言**

在科学的道路上，没有怀疑，就没有探索；没有探索，就没有突破；没有突破，就没有发展。

● **历史回放**

长久以来，在关于生命起源的问题上，有一个类似于"先有鸡还是先有蛋"的争论焦点——标志地球上生命诞生的最早的生物高分子究竟是蛋白质，还是核糖核酸（RNA）？1926年，美国生物化学家萨姆纳第一次证明了是一种蛋白质，他因此而荣获了1946年的诺贝尔化学奖。由于具有催化细胞分裂的功能，因此萨姆纳的发现使生物学家们认为：在生命最初诞生的那一刻是先有蛋白质，然后才有携带遗传信息的核糖核酸。此后，这一观点作为生物化学的一条基本定论，长期统治着生物学界。到了20世纪80年代初，一位年仅三十多岁的美国化学家向这条定论、也向全世界的生物学权威们发起了挑战。他以自己的发现证明：核糖核酸同样具有像酶一样的生物催化作用，因此最早最古老的生物高分子应当是不仅具有携带遗传信息，而且也有催化功能的核糖核酸分子。这个当时名不见经传的年轻人名叫托马斯·切赫。

● **精彩解读**

多少年来，人们习惯于在一种模式下思维，这种习惯本身大大地约束了人们的探索和发现精神，特别是某些集团出于维护自身的利益，利用其权力把人们极富活力的思想搞成了死水一潭，多少个优秀思想的萌芽被扼杀了。他们强迫人们只站在一个定点去观察和理解事物。久而久之，人们思想变得僵化，变得死板，只知道模仿、解释，不知道开掘、创造。须知道任何伟大学说的创立，任何伟大科学的发现，首先是从对既有原则的怀疑开始的。怀疑是新知的前导，勇敢的探索者，应该敢于怀疑，敢于向既有的原则挑战。对既有的和未来的任何事物有一个属于自己的理解和判断。

科学的态度应该是相信事实而又不迷信于人类已有的知识，更不迷信权威。事实上，人的认识就是在不断地否定的基础上逐渐完善起来的，人的认识也是在这一过程中一步步地接近客观真理。因此，作为一名科研工作者来讲，就必须具备勇于怀疑的品质。

科学思维的一个突出特点是批判性。这个批判性，也就是要有怀疑有追问，不满足于现成的结论，对具体的结论和判断怀有一种贸然取信的态度。总要提出一定的疑问，而且是要追着问，一层一层撕开了地问。马克思就很崇尚这种怀疑的精神、批判的精神。我们今天讲解放思想，解放思想就包含着怀疑和追问，也依赖怀疑和追问。我这里强调追问、追着问，重点是一个"追"字。我们对于许多理论、许多观念，如果感到不理解，没弄清楚，自然会提出疑问，但往往缺乏的是"追着问"，究根究底地问。满足于一知半解相比较肤浅的理解，或是碍于面子不好探问，这是一种很不好的学风。当然，敢问是一回事，能问会问是另一回事，它是与一定的素养相关联的。

素养不够，相关的东西知道得不多，了解得不远，往往是提不出高质量的问题的。自己敢于怀疑和追问，是增长学识的一个重要方面。另一方面，还要欢迎别人对自己持有的观点和理论的怀疑和追问，能虚心地接受别人对自己观点的批评和批判。以我的阅历经验，我感到这后一方面与前一方面同等重要，特别是对于有些成就的人来说甚至更为重要。有一些人，自己确实敢于怀疑和追问，又勤于学习，在理论上做出了一定的成就，提出了一些有价值的见解，但一旦感到自己有些"地位"和"分量"了，就不大容得了别人对自己的怀疑和追问，不能虚心地接受别人对自己的批评或批判。不是把别人的追问和批评当作自己反省理论完善理论的契机，而是看作是对自己的轻视和挑战，陷入了故步自封的境地。我们在理论上的一些争论之所以后来演化成为意气之争，就是与这种心态有关的。

威塞尔

科学意味着献身真理

威塞尔是瑞典医学家、生理学家，由于威塞尔在提示大脑如何分析视觉系统的编码信息方面富有成果，1981 年与斯佩里、休伯尔共同获得了诺贝尔生理学及医学奖。

● 名人名言

科学意味着献身真理，任何吝啬奉献的做法，不全力以赴是根本不行的，是完全不能接受的。

● 历史回放

20 世纪 60 年代，瑞典生理学家威塞尔和休伯尔在美国霍普金斯医学院合作从事神经生理学研究。学校分配给这两个年轻学者的实验室是一间阴暗的地下室，天花板布满了管道和蜘蛛网，他们只好找来一条旧床单挂在头顶上，样子就像是马戏团巡回演出的帐篷。

在十多年里，两人经常每天连续工作七八个甚至十多个小时。有一天晚上，为了观察一项实验项目的结果，不漏过每一个细节和突然出现的异常现象，他们二人竟然在实验仪器前 5 个小时始终没有离开座椅。事后休伯尔幽默地说："幸亏那天我们两人都没有多喝水。"

然而，对于这种在外人看来是单调、枯燥而又漫长的实验，两个年轻人却一点也不觉得苦，他们为自己的每一个新发现而兴奋激动，从探索与发现中品尝到莫大的乐趣。在研究中，二人获得了视神经生理学方面的重大发现，他们的研究成果不仅具有理论意义，而且对于婴儿抚育和儿童的早期教育、婴儿眼科疾病的治疗都具有实际指导意义。休伯尔和威塞尔也因此项研究成果荣获了 1981 年诺贝尔生理学及医学奖。

● 精彩解读

有些年轻人被吸引到科学研究中来，是因为在那里有获取崇高声望的机会。……但是取得崇高声誉的机会是很稀罕的，而且在荣誉背后的许多非常优秀的工作往往被人们忽视。从你所从事的工作中获得满足，以及不时地亲身感受所取得的些许成功，是幸福生活最重要的内容。

1980年诺贝尔化学奖获得者、美国生物化学家保罗·伯格在致中国青少年的信中说：我们每个人都在寻求自己的幸福之路。1980年，我在瑞典接受诺贝尔奖时曾说过：我是获得了双重幸福的人。除了诺贝尔奖给我的声誉和名望外，研究工作本身也给了我难以用语言表达的欢乐——新的发现、开创新的事业和进入无人涉足过的新领域，都使我感到无比激动和愉悦……每一个愿意在已知的知识和经验之外的新领域里冒险的人，都有可能获得这种幸福。这种冒险、极富挑战性和诱惑力的生活，值得我们为之竭尽全力。

而伟大的居里夫人也曾说过（科学家们）在成功的道路上，流的不是汗水而是鲜血；他们的名字不是用笔而是用生命写成的。这充分说明了这些杰出科学家们为科学的奉献精神。

● 资料链接

2007年6月29日，重庆迎来了第一个诺贝尔奖得主——受重庆科委邀请，威塞尔先生在重庆应用技术研究学院进行演讲。他此次专程来渝，目的是发展中国生物工程。

用基因为中医正名。在这次的演讲中，威塞尔谈到了中医："我个人认为，中医、中药研究很重要，有很大的开发和研究空间。"中医的疗效到底好不好，目前，是一个热门话题。"我建议成立一个中药基因库，通过基因测序的方法来检验中医治疗的效果。"威塞尔说。

最好4岁前开发智力。威塞尔建议中国家长最好在小孩4岁前对其进行早期智力开发。他的研究证明，婴儿的影像视觉和语音辨识等系统，并非一片空白，其实出生时就已成形。这些系统需要进行早期开发，否则随着年龄增大，没有开发的区域就逐渐退化。

要给大学生公平机会。重庆医科大学教授向威塞尔先生提了个问题：一所大学，怎么才能选拔到最优秀的人才，建立起一个优秀的科研团队？威塞尔先生认为，高校最重要的是平衡能力，校长要给予大学生公平的机会，培养他们的兴趣、激发他们对科学的热情。

洛仑兹

思考很重要

洛仑兹是荷兰物理学家、数学家，他获得了 1902 年诺贝尔物理学奖。

● 名人名言

在做任何事之前都要问自己几个"为什么"，思考很重要，我的成功应当归功于精心的思索和独立的思考。

● 历史回放

洛仑兹小学和中学都是在出生地阿纳姆读完的。他的父亲格里金克·洛仑兹在阿纳姆附近有一处苗圃。生母在他很小的时候就去世了。因此幼年的洛仑兹非常自立，他在学习上从来不用别人督促，从小学到中学成绩总是全班第一。从小失去母爱的孩子，许多事情很难找到知心的人一起商量，必须自己思考，自己处理。幼年的洛仑兹思考问题很有自己的独特方式，他不轻易相信一般公认的模式，对很多问题都抱有疑虑，他总是站在超然的立场上看待事物的各个方面。在洛仑兹很小的时候，他就广泛地阅读维多利亚女王时代的小说和欧洲宗教改革史，从这些书籍中吸收有益的观点和看待世界的方法。他虽然生长在新教徒的圈子里，但在宗教问题上却是一个自由思想家。他这种处事态度导致他在日后的科学研究上也是一个很宽容的人。他从不干扰别人的思路，从不把自己的意见强加于人，总是平平静静地听取别人的意见，这与他幼年时经常独立思考和从多方面考虑问题不无关系。

● 精彩解读

最早完成原子核裂变实验的英国著名物理学家卢瑟福有一天晚上进实验室，当时已经很晚了，见他的一个学生仍俯在工作台上，便问道：

"这么晚了，你还在做什么呢？"学生回答说："我在工作。""那你白天做什么呢？""我也工作。""那么早上也在工作吗？""是的，教授，早上我也工作。"于是，卢瑟福提出了一个问题："那你什么时间思考呢？"这个问题提得真好，拉开历史的帷幕就会发现，古今中外凡是有重大成就的人，在其攀登科学高峰的征途中，都是给思考留有一定的时间。据说爱因斯坦狭义相对论的建立，经过了十年的沉思，他说："学习知识要善于思考、思考、再思考，我就是靠这个学习方法成为科学家的。"

达尔文说："我耐心地回想或思考任何悬而未决的问题，甚至连费数年亦在所不惜。"

牛顿说："思索，继续不断地思索。以待天曙，渐渐地见得光明，如果说我对世界有些微小贡献的话，那不是由于别的，却只是思索所致。"他说："我的成功归功于精心的思索。"

这些著名人物的至理名言，都揭示出一个深刻的道理：独立思考是一个人成功的最重要、最基本的心理品质。要提高工作的创造能力，一定要培养自己独立思考、刻苦钻研的良好习惯，千万不要人云亦云，读死书，死读书。

20世纪50年代中期，李嘉诚创办了"长江塑胶厂"，生产塑料玩具，结果市场饱和，工厂面临倒闭。当他偶然翻阅一份报纸时，发现一则信息说意大利一家工厂将制作塑料花向欧洲销售，他眼前一亮，联想到二战以来欧美生活水平虽有所提高，但经济上都还没有实力种植草皮和鲜花，而塑料花必将是一种过渡的替代品，必能深入到千家万户，因此果断决定，企业转产。几年以后，李嘉诚成为香港大富翁之一。

信息爆炸时代，各种信息有真有假，各种知识有对有错，所以，我们要认真分析，积极思考，从而找出正确的答案和方法，然后进行决策。

约翰·瑞利

童年的环境会影响整个人生

约翰·瑞利是英国物理学家，由于他在研究最重要的一些气体的密度以及在这些研究中发现了氩而获得1904年度诺贝尔物理学奖。

● 名人名言

环境因素对一个人的成长往往有着很重要的影响，有时童年的环境会影响着整个人的人生。

● 历史回放

约翰·瑞利1842年出生在英国功莫尔登附近。瑞利小时候的一段时期表现差劲，很不争气，读书不用功，一味贪玩，甚至两次逃学。父亲虽然对瑞利耐心加以管教，仍然没有多大效果。父亲为此十分着急。瑞利的父亲很有头脑，很有见识。他经过认真分析观察，认为小瑞利如此不好学，不求上进，与环境有重要关系。那时功莫尔登一带教育条件很差，学习气氛也不浓。在这种环境下要改变瑞利的状况非常困难。瑞利的父亲经过反复考虑，断然决定改变瑞利的生活环境。瑞利10岁那年，他带着瑞利迁到了伦敦。这样一来，果然立竿见影。在伦敦那种浓厚的学习气氛下，瑞利的学习态度大变，开始努力学习。与此同时，他的整个个性品德也得到良好的培养。所以瑞利后来这样说："童年的环境，影响着整个人生。"这是非常中肯的。瑞利的父亲作为一家之长，他的高明之处还不止于此。

瑞利一家迁居伦敦后，可能是由于伦敦是有名的雾都，经常大雾笼罩，空气潮湿，瑞利不久就感到不能适应，健康状况一直不好，甚至无法再去上学。他的父亲这时又做出了正确的抉择：不惜花费钱财为瑞利请来了一位不错的家庭女教师。这样，瑞利虽然不能去学校上课，却可以一年365天，天天跟着家庭女教师学习，从不耽误。瑞利非常刻苦，好学不倦。他不断地向家庭女教师提出一个又一个问题，同时一道又一道地演算家庭女教师布置的数理化习题，并不断强化了认真、刻苦、踏实、努力的学习习惯。这正是瑞利以后取得杰出成就的重要保障。

后来，瑞利的道路又出现了一点曲折。瑞利考入剑桥大学三育学院以后，又对文学发生了浓厚兴趣，又想致力于文学事业，想成为一名文学家。有幸的是，学院院长经验丰富，目光敏锐。伯乐识良马。他发现瑞利是数理方面的人才，认为他可能在这方面取得更大成就。于是他力劝瑞利主攻数理。瑞利经过考虑，接受了院长的劝告。于是瑞利从此一心一意地专注地埋头于数理的学习和钻研，果然成绩卓著。瑞利23岁大学毕业时就荣获英国皇家学院授予的"雄才奖"。这是一个很高的荣誉，在当时十分难以得到。这又说明，青少年时期，明师的指点也极为重要。后来瑞利和著名化学家拉姆塞由于共同发现了从空气中得到的氮里含有氩而分别获得诺贝尔物理学奖和化学奖。

● 精彩解读

我国古时候有"孟母三迁"的故事，一直流传至今。故事是说我国圣人孟轲，小时候由于居住的环境不好，他的母亲一连搬了三次家。这个故事的具体内容不必去比较，它告诉人们一个道理：人在少年儿童时期正是个性品格形成、决定志向理想的关键时期；少年儿童可塑性大，鉴别能力差，好模仿，往往见什么学什么。因此给他们创造一个良好的学习、成长环境是十分重要的。这个道理已经为越来越多的人所明白，也为古今中外大量事例所证明。以上是约翰·威廉·瑞利的经历，也是一个生动的例子。

杰罗姆·卡尔

充分利用你的天赋

杰罗姆·卡尔，美国物理学家、化学家。因为发现测定分子和晶体结构的方法，于1985年获得诺贝尔化学奖。

● **名人名言**

充分利用你的天赋，天赋对于人一生的影响是巨大的，对其开辟新道路是重要的因素。

● **精彩解读**

一般来说，天赋是天生的，自然给予的，包括一般的能力如音乐、数学或体育等方面的才能。天赋转换成技能要经过训练、学习而获得。你有音乐天赋，对音乐的旋律、节奏等的感觉都比较精确，但仅有这些你还不能成为钢琴演奏家或指挥家，还必须经过专门的技能培养。当然，这些技能的获得，有音乐天赋的人比没有音乐天赋的人容易得多。对任何人都是这样，最有效的做法就是找到他的天赋所在，然后在那个领域里培养本领。

假如你拥有一种天赋，能够与各种类型的人相处得很好，你就应该倾尽全力培养一种和大家和睦工作的本领——那就是筹备并主持会议，处理争端，促使人们协调工作。假如你的天赋在美术方面，你应该去学习一些特殊的本领，如绘画、雕塑、工艺设计等。

在莎士比亚的著名歌剧《哈姆雷特》中，大臣波洛涅斯告诉他的儿子："至关重要的是，你必须对自己忠实，正像有了白昼才有黑夜一样对自己忠实，才不会被别人欺诈。"波洛涅斯在劝告儿子要根据自身最坚定的信念和能力去正视不同的生活。然而，大多数人总发现自己在犹豫之中。怎样做才能不虚度一生?怎样才能知道自己选择了合适的职业或恰当的目标，最有效地开发自己的潜能呢?

　　社会心理学家的研究结果和经历证实，与其让双亲、老师、朋友或经济学家为我们制定长远规划，不如了解自己的天赋是什么，了解自己擅长做什么。举例来说，有人在数学运算中表现速度快而准确，但有人却不然；有人能很容易地写成一份报告，但有人却觉得难之又难；有人适宜独立工作，从头到尾一个人进行；有人善于协调，乐于团队合作。那么你呢？你应充分了解你自己擅长做什么，即了解自己做哪一类事情是最轻而易举的，而对别人是棘手的，因为你的天赋会帮助你成功。

　　只要你对自己的过去做一个小小的回顾，你就会发现自己的天赋。假如你小时候就能拆装手电筒和其他小玩意儿，你就很可能胜任在实验室里的工作；你过去一直口齿伶俐、思路敏捷，那语言文字方面的天赋将使你有更多的职业选择，如小说家、诗人、新闻记者、秘书等。还有外交联络、科学家、企业经理的工作以及任何涉及通讯联系的工作都需要有好的文字表达能力。

　　常常听到有人这样说："他真是糟蹋了自己的天才。"你自己又如何呢？为了使自己变得更加有用，应尽量地发挥自己的天才。因此，应该抓住一切机会，从事相当程度的冒险。譬如说，不确定自己能不能打网球，却根本不让自己有机会到球场去，拿起拍子实地打球。那你怎么知道自己有没有打球的潜能呢？当然，到球场去有相当的冒险性，但能不能打球，还需要到球场上去才能得到证实。没有这样的冒险，你怎能发现自己确实有打球的潜能？天赋，对一些人来说确实是得天独厚的。天生的盲人，就难以发展包括绘画在内的许多方面的能力；而当其他条件大致相当时，一个身材高一些的人比身材矮一些的人在篮球和排球等体育运动中要有利得多。

　　假如有人告诉你："你说话很和蔼。"也许你又会说："这还不容易，没有什么了不起。"然而，你要知道，有很多人讲话要做到和蔼可亲非常困难。因此，与别人谈话做到和蔼可亲实在是值得骄傲的优点。肯定自己的潜力是充分开发自己的开始，这会使你更加有效地开发你的天赋。你的天赋在哪个领域，你就应在哪个领域培养本领。也许，你的天赋比想象中的还好。只要你拥有它，你就应充分利用它。

霍奇金

赢得别人的信任，是成功必不可少的前提

多萝西·克劳福特·霍奇金，英国女科学家。因为用X射线的方法研究青霉素和维生素 B_{12} 等的分子结构取得成就，1964年获诺贝尔化学奖。

● 名人名言

赢得别人的信任，是办事成功必不可少的前提。别人对你有了信任，就会愿意与你交往，并会竭力帮助你。

● 精彩解读

赢得别人的信任，是经营人际关系时最需要努力的事情。

（1）要令人愉悦。总爱怨天尤人，脸上总是一副苦涩的表情，这是要避免的。想博得别人的欢心，获得别人的信任，要有令人愉悦的心态，脸上要时时带着笑容，行动要显得轻松。如果别人从你的脸上看不到一点快乐，绝不会对你产生好感。拒人千里的表情，很难赢得信任。良好的态度需要你坚持下去，不能今天扮了笑脸，明天因为难以自制而故态复萌，显出阴郁苦闷的本性，这样只会前功尽弃。

（2）对别人表示关心。在与人交流的时候，自己的事情要少说，要学会做一个倾听者，表现出对别人谈话的兴趣，仔细听对方说话。你所表现出的同情会使对方觉得你很重要。还有，做事需要持之以恒，想获得别人的信任也是如此。

（3）显示事业能力。要做出成绩给人看，证明你的判断敏锐并才学过人。在职业专业化的时代，没有专长，样样都懂一点的人，总是显得竞争力不够。所以，如果你在某一领域有所专长，有很强的能力，会让你更容易引起别人的关注。

（4）不要失信。一旦失信于人，别人下次就再也不愿意和你交往。

127

诚信才是最大的品牌。

（5）做事果断。获得他人的信任，除了要有正直诚实的品格外，做事还要果断和敏捷。优柔寡断，头脑不清，缺乏敏捷的手腕和果断的决策能力，是无法取得别人信任的。

（6）抛弃恶习。拖拉、懒散等不良习惯，只会让人走向失败。这些坏习惯，会使别人不敢信任你，会使你的事业因此而受阻，不能向前发展。尽管你可能对这些恶习习以为常、无动于衷，但是与你交往、发生业务往来的人却很看重这些。不要因为这些恶习而影响别人对你的整体评价。

（7）注重第一印象。一般而言，在平时的人际交往过程中，给人的第一印象往往是最深刻的。如果对方对你的第一印象有错觉，就很难修正对你的看法。所以，你一定要重视自己给人的第一印象，如果能做到与人初次见面就相处融洽，对你事业的成功则大有裨益。

戴维·休伯尔

友谊不是向他人索取

戴维·休伯尔，美国神经生理学家。因研究大脑视神经皮层的功能结构与美国科学家斯佩里、瑞典科学家威塞尔共同获得1981年诺贝尔生理学及医学奖。

● 名人名言

友谊不是向他人索取——扔掉不肯宽恕他人的坏习惯。全世界的人都在寻求友谊。每一个人都寻求宽恕，就像寻求食物和住所一样迫切。但是，我们往往像耻于犯错一样耻于宽恕，好像犯错和宽恕是一种可怕的弱点。这种羞耻感腐蚀着我们的灵魂。羞于承认自己的错误是一种不健全的心理，而不肯宽恕他人的过失则是顽固不化。

● 精彩解读

友谊不是要向他人索取，而是施予他人——所付出的不是物质礼品，而是热忱、诚挚、谅解；友谊的意义是将勇气灌输给他人，是将我们的部分自尊赠送给对方，是彼此共享情谊，是将礼物送给他人。

我们必须为他人着想，接纳他们，奉献我们的长处。只有这样，我们才能获得友谊的回报。英国作家约翰逊认为，一个人应当经常改善友谊的质地，应该"在穿干净衬衫的日子"来看他的朋友。我们必须经常为他人改善我们的友谊，我们必须将自己视为"我们乐意与之交往的人"。因为，如果我们要与他人建立友谊，必须能够善待自己。我们必须随时修复我们所受的损伤——我们的失败对自我意向所造成的损害。我们必须战胜失败。保持我们的自尊自爱，这是我们尊重别人所不可缺少的因素。只有这样，我们的友谊才有真正的价值；只有这样，我们才会谦逊而不至于狂妄自大。只有在我们能够尊重自己的时候，才能体验到谦逊的礼让——礼让他人和自己。只有知道交友之道，才能活泼、进取，才能给自己一个满意的微笑。

要向前看，不是向后看。每一天都是一个新的日子，每一天都要专注自己的人生，并要为这个新的日子而集中精神财富，不要让失败的恐惧将自己引向歧途。每一个人都是人类大家庭中的一员，都要成为与他人相关联的人。

我们要告诫人们，你要以一种社会的意识扩展爱的范围，共同承担人类的弱点；你要明白，你的邻居往往会形成种种错误的观点；他会误认为你是他的敌人，而不认为你是他的朋友，但你要宽恕他。宽恕的度量应该像求生的能力那样大，应该让宽恕成为一种像穿衣吃饭一样的习惯；否则，就不能到达真正快乐的人生境界。

要跟他人和谐相处。非有宽恕他人的仁慈之心不可。犯错误是人类的损失，宽恕是人生的成就。但自己必须先宽恕自己，才能承认自己是一个人，一个自重自强的人，而不是一个完美的神明。

● 相关链接

小休伯尔的父亲是一个化学工程师，家里的地下实验室里放着许多烧瓶、烧杯和化学药品，父亲经常在这里做一些小化学实验。父亲将两种无色的液体倒在一起后，液体就像变魔术一样变成了红色；有时，父亲在凉水里加一种白色的粉末，凉水就奇迹般得像烧开了一样，沸腾起来。这一切真是太奇妙了！每当父亲走进地下室，小休伯尔就会紧紧地跟在父亲的身后，喋喋不休地问问题。对于小休伯尔的提问，父亲总是十分耐心地解答，在看似不经意之间引导了他对科学的兴趣。在他10岁那年的圣诞节，父亲给小休伯尔买了一套可以做一些小实验的化学装置作为礼物。这可把小休伯尔高兴坏了，他从没有想过会收到这么可心的礼物。

他用这些实验装置制作了一个氢气球，这个氢气球竟然飞了一百多公里，为此，他颇为得意。每当家里来了客人时，他就会得意地向客人介绍自己的"成就"。他还模仿着父亲，将各种化学品混在一起进行化学实验。随着年龄的增长，休伯尔逐渐又喜欢上了数学、物理和拉丁文。休伯尔的课余生活除了做化学实验、摄影、组装收音机和体育运动之外，又多了一项非常重要的爱好——看书。他看书不分内容深浅，也不分学科，只要手头有的就看，他甚至还阅读了拉丁文的欧洲古典文学名著。后来，休伯尔说自己成功的原因之一就是"少年时代具有广泛的兴趣"。

卡尔·波施

不要在意别人的看法

卡尔·波施，德国化学家。因发明合成氨和水煤气的高压技术，与贝吉乌斯共同分享1931年的诺贝尔化学奖。

● 名人名言

如果一个人别人希望他怎么样，他就会怎么样，这是多么可怜、毫无价值的形象；如果一个人不能明确地阐明自己在生活中的思想和感觉，那就没什么人会与你坦诚相见，没什么人会真正尊重你。所以不要在意别人的看法。

● 精彩解读

使自己成功的条件，不仅是头脑聪明，亦须具有不在乎别人的那种定力，但这种定力并非人人都能做到。

有人以为坚持独立自主，似乎很难得到别人的赞许，很难处好人际关系。这是一种错觉和误解。事实恰好相反，一个真正能够主宰自己的人是不会为了迎合他人的观点与喜好而放弃自我价值、自我追求；也不会为了博得他人的赞许而跟随他人的指挥棒转。因为你失去了自我，也就失去了平等自由的人际关系和生活方式。某些官僚、政客之所以不为人们所信任，就因为他们只是留声机、传声筒，而没有自己的灵魂。这种人往往是轴承脑袋弹簧腰、头上插着风向标，只会见风使舵，趋炎附势。这种人的自我价值完全取决于头上的乌纱帽，一旦失去职位，手中无权了，他就一无所有，一文不值了。这难道不是事实吗？实际上，最受赞许、最受欢迎的人恰恰是那些希望赞许而不是祈求赞许的人，是那些能以积极的心理态度表现美好的自我形象的人，是那些从不放弃独立自主权利的人。

不在乎别人看法与厚脸皮是有所不同的，两者的差异在于，不在意别人看法的人大都具有远见，明白自己的做法会产生何种成果，因此能不顾别人的反对意见。同样的，在生意方面，尤其是在谈判时，为了要获得胜利，必须不在乎别人的看法，如果具有正确的远见，依照信念去做，便自然会有别人摇撼不动的定力，而成功也会被吸引而来。

命运之神有时会试探人们是否具有泰山崩于前仍不改其色的气魄，这种人往往会受到命运之神的特别眷顾。世俗和传统使人养成一种说话办事总是需要得到别人的认可和赞许的习惯。童年时代习惯于得到父母和老师的赞许，长大成人需要得到领导和同事的认可。如果自己的某个举动和主张得不到别人的认可和赞许，就会感觉到出了问题，放心不下。于是你在无形之中就放弃了主宰自己、独立行事的权力，凡事都受别人的控制和摆布。这种习惯大体表现在以下几个方面。

（1）对别人的需求大都随声附和，有时心里不满，仍要依从别人的意志去办。

（2）有自己的事情和计划，但难以拒绝朋友的邀请和要求，以免别人对你不满意。

（3）为了回避同陌生人交谈，不想独自参加社交活动，也不愿独自出差办事。

（4）看领导的眼色行事。明知不对，也要忍气吞声地服从。好像领导的时钟总是准的，而自己的时钟总是不准，只能常和领导对表，不相信自己的手表。如果因此而窝火憋气也只能拿比你地位低的人出气。

（5）不好意思和权威人士、著名人物交往。如果这类人物对自己的责怪批评不公正，自己也不敢说出自己的看法。

总之，一个人习惯于接受别人的摆布，就会经常被迫去说话、去做事，这样的生活当然很累，也很乏味。

焦尔季

良好的学习环境至关重要

阿尔伯特·森特·焦尔季，匈牙利著名科学家。因发现了肌肉收缩的原理，1937年获得了诺贝尔生理学及医学奖。

● **名人名言**

很难想象，一个热爱学习的人，没有一个良好的学习习惯，能在不良的环境中坚持学习，那才是怪事。环境就是现实，要想改变它，全靠你自己。

● **精彩解读**

不少抱负远大的男孩和女孩一直渴望提高自己的修养，然而却被家中其他人的有害习惯给耽误了。这类家庭中其他的人整晚整晚地闲聊说笑，不思进取，目光短浅，除了庸俗解闷的故事书之外不会读其他任何东西。这样，家里的有志之士经常被挪揄取笑，直到心灰意冷，失去努力的勇气。

如今，藏书已不再是高不可攀的奢侈品，而是一种必需品了。一个缺少书报杂志的家庭就如一所没有窗户的房屋。孩子通过置身书籍之中学着去阅读，他们在摆弄书籍的过程中不知不觉地汲取了知识。现在，一个没有良好阅读氛围的家庭是难以为继的。

那些读书条件好，那些有字典、百科全书、历史著作、参考书和其他好书可以读的孩子在不知不觉中能受到知识的熏陶，而且几乎不用额外的花费，既没有浪费时间，又学有所长；但如果要在学校里学习的话，将要花上10倍于买书所需的开销。另外，好书能为房间增色添彩，孩子乐意待在这类舒适的房间里；而那些被疏于教育的孩子则会急于离家而去、逃得远远的，这样就极易陷入各种陷阱和危险之中。

在书香的气氛里成长对孩子是大有裨益的，如果允许一个聪慧的孩子经常接触一些好书，摆弄它们，熟悉它们的封面和标题，那么他从这些篇幅中汲取的知识会多得惊人!

即使衣衫褴褛，必要时也不要吝于买书。如果你不能给孩子提供大学教台，你可以给他们准备些好书，以此来升华他们的情操，使他们卓尔不群。家庭不正是对一个人进行教育的最重要的场所吗?正是在家里，形成了伴随我们一生并能决定我们事业成败的生活习惯。也正是在家里，持续不断的精神和心灵的教育会决定我们今后的人生道路。

孩子顽劣成性，喜欢胡闹和恶作剧，只知道自己玩耍，而只有家中形成了一种积极生活、努力学习的习惯，读书才会成为一种乐趣。年轻的家庭成员就会以一种渴望玩耍的心情盼望着学习时刻的到来。美国有这样一个家庭，这个家庭的父母和所有孩子，一致同意每晚都腾出些时间用来学习或是进行某种形式的自修。晚饭后，他们会尽情地娱乐放松。他们有规定的游戏时间，所有的玩闹持续一个小时。然后，每当到学习的时间时，整个房子静得只能听见翻书、写字的声音。每个人都坐在自己的地方读书、写字、学习或者从事某种脑力工作，决不允许任何人说话或是干扰别人。如果有哪个家庭成员心不在焉，或是出于某种原因不想学习，他至少也得保持安静，不得打扰别人。任何让人三心二意、分散注意力的因素，所有会打断思考连贯性的干扰都被杜绝，全神贯注地学习一个小时，比心猿意马地学习两三个小时要有更大的收获。

如果每个浪费时间的家庭能在这样的家庭过上一晚的话，将是一种巨大的激励。弥漫在这个家庭中的愉快、宁静、智慧、和谐的气氛使人在不知不觉中感到振奋，给人以更美好的憧憬。有时候，一个家庭的习惯会受到多个果敢的年轻人的影响而发生彻底的变化。如果他立场坚定地宣称他不会成为一个失败者，他的前途会一片光明，他会抓住机会并付出坚韧不拔的努力。那么这个家庭的气氛也许会因此而扭转。

库 柏

勤奋踏实的工作是最高尚的

利昂·诺什·库柏，美国物理学家。因参与创立低温下金属超导现象的超导理论（BCS 理论），1972 年获得诺贝尔物理学奖。

● 名人名言

投机取巧会使人堕落，无所事事会令人退化，只有勤奋踏实地工作才是最高尚的，才能给人带来真正的幸福和乐趣。

● 精彩解读

世界上绝顶聪明的人很少。绝对笨拙的人也不多，一般都具有正常的能力与智慧。但是，为什么许多人都无法取得成功呢？世界上到处都是一些看来很有希望成功的人——在很多人的眼里。他们能够成为而且应该成为各种非凡人物。但是，他们最终并没有成功。原因何在？

一个最重要的原因在于他们习惯于投机取巧，不愿意付出与成功相应的努力。他们希望到达辉煌的巅峰，却不愿意经过艰难的道路；他们渴望取得胜利，却不愿意做出牺牲。投机取巧是一种普遍的社会心态，成功者的秘诀就在于他们能够超越这种心态。

有这样一个故事：一个人看见一只蝴蝶在茧中拼命挣扎了很久，觉得它太辛苦了，出于怜悯，就用剪刀小心翼翼地将茧剪掉了一些，让它轻易地爬了出来，然而不久这只幼蝶竟死掉了。幼蝶在茧中挣扎是生命过程中不可缺少的一部分，是为了让身体更加结实、翅膀更加有力，而这种投机取巧的方法只会让其丧失生存和飞翔的能力。

同样，在工作中投机取巧也许能让你获得一时的便利，但却在心灵中埋下隐患；从长远来看，是有百害而无一利的。古罗马人有两座圣殿：一座是勤奋的圣殿；另一座是荣誉的圣殿。他们在安排座位时有一个秩序，就是必须经过前者，才能达到后者，勤奋是通往荣誉的必经之路，那些试着绕过勤奋、寻找荣誉的人，总是被排斥在荣誉的大门之外。

投机取巧会使人堕落，无所事事会令人退化，只有勤奋踏实地工作才是最高尚的，才能给人带来真正的幸福和乐趣。有些人本来具有出众的才华，很有培养前途。但因为在做学生时没有养成精益求精的好习惯，后来也就无法谋取一个较好的职位。生活中的各种实例生动地证明了这样一个道理：无论事情大小，如果总是试图投机取巧，可能表面上看来会节约一些时间和精力，但结果往往是浪费更多的时间、精力和钱财。

一旦养成投机取巧的习惯，一个人的品格会大打折扣。做事不能善始善终的人，其心灵亦缺乏相同的特质。他因为不会培养自己的个性，意志无法坚定，因此无法实现自己的任何追求。一面贪图享乐一面又去修道，自以为可以左右逢源的人，不但享乐与修道两头落空，还会悔不当初。

从某种意义上说，在一个方向上一丝不苟，也比草率分心，在多个方向发展可取，因为做事一丝不苟能够迅速培养品格、获得智意；加速进步与成长，尤其是它能带领人往好的方向前进，鼓舞人不断追求进步。

一位先哲说过："如果有事情必须去做，便积极投入去做。"事无大小，竭尽全力，力求完美，是成功者的标记。但凡有所作为之人，都是那些力求完美的人，他们为世界创立新标准、新理想，肩负着人类进步的旗帜。

卡尔·兰德斯坦纳

突破定势思维的坏习惯，扩展思维的视角

卡尔·兰德斯坦纳，美国著名的病理学家。因为发现了人的血型并且将其分为 A、B、AB、O 四种类型，1930 年获得了诺贝尔生理学及医学奖。

● 名人名言

在日常工作和细微生活中，我们要善于打破习惯性思维的枷锁，突破定势思维的坏习惯扩展思维的视角，这样才能在处理问题时收到意想不到的效果。

● 精彩解读

思维时，如果只有一个视角，这个视角是最容易引人误入歧途的。比如，惯性思考就像一副有色眼镜。戴上它，整个世界都与眼镜片的颜色相同，如果摘掉它，眼睛又无法看清外界事物。所以说，解决问题要尽量增加头脑中的思维视角，学会从不同角度观察同一问题。如果我们头脑中的有色眼镜确实是无法摘除的，那么，我们干脆多准备几副有色眼镜。轮流戴上不同的眼镜去看世界。

以下是有名的"邓克尔蜡烛"问题，经常用作智力测试题，请读者朋友仔细思索一下。给你一根普通蜡烛、半纸盒图钉、一张说明书，要求你在尽可能短的时间内，把这根蜡烛安放在垂立的木墙上。这个题目的答案有许多种，其中最简单的一种是：首先把图钉盒钉在木板上，然后再把蜡烛安放在图钉盒上。但在实际测试过程中，许多人想了很久也没有得到答案。其中最主要的原因，就是他根据以往的经验，把图钉盒只看作是装图钉的东西，却没想到它还能另有他用。

换句话说，把图钉盒用作蜡烛托，已超出了他的经验范围。

南京有一位画家，从事绘画艺术已有二十多年。在一次偶然的事故

137

中，他的右手严重受伤，再也无法执笔作画。痛苦之余，这位画家尝试用左手绘画，经过一段时间的练习之后，他惊喜地发现，由于左右手易位，使他认识到并打破了许多不必要的条条框框，这些条条框框原先存在于画家的意识或潜意识中。结果，他现在用左手作画，大胆奔放。笔笔到位，妙趣横生，整个画面显得既厚重鲜活，又率真自然。这种效果正是画家用右手作画十余年苦苦探索而又觅之不得的境界。

我国从小学开始，老师就强迫学生用右手写字，束缚了一些左手给予人的发展。而在有些国家并不刻意强求必须用右手写字，使每个人的自然天赋得到了发挥。

● 小 资 料

血型是人类血液型别的一种标志。人与人之间的血型并不完全相同。通常所说的 A、B、AB、O 血型，就是针对血液中红细胞所带不同的抗原物质而言的。在红细胞上含有 A 抗原的，称为 A 型；含有 B 抗原的，称为 B 型；同时含有 A 和 B 两种抗原的，称为 AB 型；既不含 A 抗原又不含 B 抗原的称为 O 型。血型是由特定的遗传物质决定的，这就像种瓜得瓜、种豆得豆一样，因此血型一经确定就不会自行改变。但是，当人体发生某些疾病（白血病）时，尤其是在疾病的中晚期，由于造血器官功能障碍，使不成熟的红细胞大量进入血流。这些不成熟红细胞膜上的血型抗原物质或减少或消失，因此血型就会发生改变。如果造血器官功能恢复，那么改变后的血型又可展现原型。另外，长期大量输血后的病人，血型也会出现暂时性改变，但是这种改变维持不会太久。

随着医学科学的发展，人们对于血型的认识也越来越深刻。由于血液内部的组成成分的不同，各自所具有的抗原物质的性质也不一样，因此，血型存在千差万别。如红细胞已发现有二十多种血型系统，不同的血型抗原就有四百多种。白细胞上的抗原物质更为复杂，仅本身就有 8 个系统近二十种血型抗原。

人的性格是人的一种行为表现，性格属于精神范畴而不属于物质范畴。由于性格不是遗传基因物质，因此不存在遗传性。人的性格只是在人出生以后，受环境等诸多因素潜移默化的影响而逐步形成的。同时它又随人的年龄和环境的改变而有所变化，并非"本性难移"，而是具有可塑性的。因此无论从理论上或是事实上，都说明血型与性格之间不存在任何必然性的联系。

亨利克·达姆

我的两大财富：朋友和我自己

亨利克·达姆，丹麦生物化学家和营养学教授。发现并提炼出维生素K，1943年获得诺贝尔生理学及医学奖。

● **名人名言**

我在世上拥有两大财富，一个是我的朋友，另一个是我自己。

● **精彩解读**

对朋友敞开心扉，是人生中一种幸福的事情。对朋友敞开心扉的人，是幸福的人。所谓"挚友"，就是比自己的亲属还要亲密的朋友。有些无法向家人说出来的麻烦。我们通常可以向挚友来倾诉。

古希腊的大哲学家苏格拉底曾经说过："友人是第二个自我。"能够作为自己的镜子，真实地反映自我的朋友是最值得信任的。罗曼·罗兰曾经说过："我在世上拥有两大财富，一个是我的朋友，另一个是我自己。"每一个人都应该与自己志趣相投的人结为朋友，正所谓物以类聚，人以群分。朋友是人生的一笔财富，所谓"在家靠父母，出门靠朋友"，好朋友是人生征途中栖息的长亭，也是狂风暴雨中避风的港湾，尽量去结识好朋友吧。不管你是做什么的，你会发现这对你有百利而无一害。土耳其有句谚语："一千个朋友并不多，一个敌人并不少。"

好朋友是自己的镜子，能够照出你的品质和爱好，你的兴趣和志向。正像孔子所说的："要想了解一个人，就去了解这个人的朋友。"有了这面镜子，你就会有一个行动的参照标准。朋友的成功会促使你不断地努力，朋友的失败会告诫你不要犯同样的错误，朋友选择的道路会使你看清楚自己的发展方向，朋友的丰富经历也是你活生生的教科书。所以，尽可能多地结交朋友，记住你的朋友，互相帮助，就会拥有一个幸福的人生。

人不能孤独地生活，需要感情的交流。无论是丰盛的宴席，还是如画的山水；不论是稀世的珍宝，还是华美的诗章，都不能替代友谊给人带来的欢乐。林肯说过："人生最美好的东西，就是他同别人的友谊。"青少年感情丰富，生机勃勃，更喜爱结交朋友。但是请注意，建筑在金钱上的"酒肉朋友"，合伙做坏事的"哥们儿义气"，是不能跻身友谊殿堂的，因为它只能把人引向歧途，使人堕落，甚至毁灭。健康的、积极向上的友谊才能使人真正领悟人生的真谛。

友谊的基础，首先在于共同的志向。俗话说"话不投机半句多"，有共同的志向，才有共同的语言；有共同的语言，才有友谊的产生。志向不同，即使有友谊也不能维系。汉朝末年有个学者叫管宁。他和华歆曾是同窗好友。有一次锄田，发现一块黄金，管宁只管锄田，不为动心；华歆捡起看看，又放下再锄。管宁就有点不快。又有一次同席读书，一个乘马车的大官经过门前，管宁照读不误，华歆却放下书去看热闹。管宁觉得这个人既爱钱，又贪官，志向不同，不可为友，于是将座席割开，表示断交。管宁后来成了著名的学者，为人称道。华歆后来做出逼宫的丑事，被人唾弃。

友谊的建立还在于双方之间要有深刻的了解。双方要不隐瞒自己的观点，坦诚相见，并互相尊重。友谊的深度和双方之间的了解程度是成正比的。了解越深，友谊也越深。春秋时齐国有个管仲，打仗时跑在最后，撤退时跑在最前，人们都说他贪生怕死。可是他的朋友鲍叔牙却说管仲不是贪生怕死，而是因为家中有老母无人赡养。在鲍叔牙的推荐下，管仲出任了齐相，成就了齐国的霸业，管仲和鲍叔牙的友谊也成为传诵千古的"管鲍之交"。

友谊的巩固更需要双方的坦率批评和真诚相劝。只有敢于直言规劝的诤友才是益友。当然被批评的一方要虚怀若谷才能有效。马克思和恩格斯第一次见面时，马克思就批评了恩格斯不切实际的观点，气得恩格斯在告辞后走下楼梯时把手中的手杖都折断了。在后来的交往中，恩格斯感到马克思的批评是正确的，从而改变了自己的观点，并终于和马克思共同创立了马克思主义学说。友谊对于人生是必不可少的。如果没有友谊，生活中就不会有悦耳的和音。但是要得到真正的友谊，也是不容易的，正如马克思所指出的，友谊需要用忠诚去播种，用热情去灌溉，用原则去培养，用谅解去护理。

赫尔曼·马勒

过度地坚持会导致更大的浪费

赫尔曼·马勒，美国著名的遗传学家。因为发现了 X 射线能够诱发基因突变，而于 1946 年获得诺贝尔生理学及医学奖。

● **名人名言**

坚持是一种良好的品质，但在有些事上，过度地坚持，会导致更大的浪费，因此我们也要及时地修正前进的目标。

● **精彩解读**

当你确定了目标以后，下一步便是鉴定自己的目标，或者说鉴定自己所希望达到的目的。如果你决心做下改变，就必须考虑到改变后是什么样子；如果你决定解决某个问题，就必须考虑到解决中可能遇到的困难是什么。

当描述了理想的目标以后，你必须研究一下达到该目标所需的时间、财力、人力的花费是多少；你的选择、途径和方法只有经过检验，方能估量出目标的现实性，你或许会发现自己的目标是可行的；否则，你就要量力而行，修改自己的目标。

有许多满怀雄心壮志的人毅力很坚强，但是由于不会进行新的尝试，因而无法成功。请你坚持你的目标，不要犹豫不前，但也不能太生硬，不知变通。如果你确实感到行不通的话，就尝试另一种方式，那些百折不挠、牢牢掌握住目标的人，都已经具备了成功的要素。下面两个建议一旦和你的毅力相结合，你期望的结果便更易于获得。

1. 告诉自己"总会有别的办法可以办到"

每年有几千家新公司获准成立，可是 5 年以后，只有一小部分仍然继续营运。那些半路退出的人会这么说："竞争实在是太激烈了，只好退出为妙。"真正的关键在于他们遭遇障碍时，只想到失败，因此才会失败。你如果认为困难"无法解决"就会真的找不到出路。因此一定要排除"无能为力"的想法。

2. 先停下，然后再重新开始

我们时常钻进牛角尖而不能自拔，因而看不出新的解决方法。成功者的秘诀是随时审视自己的选择是否有偏差，合理地调整目标，放下无谓的固执，轻松地走向成功。

坚持是一种良好的品性。但是有些事情过度地坚持，会导致更大的浪费。

历史上的永动机，就使很多人投入了毕生的精力，浪费了大量的人力、物力。因此，在一些没有胜算把握和科学根据的前提下，应该见好就收，知难而退。有人认为，如果没有成功的希望，屡屡试验是愚蠢的、毫无益处的。

诺贝尔奖得主莱纳斯·波林说："一个好的研究者知道应该发挥哪些构想，而哪些构想应该丢弃；否则，会浪费很多时间在差劲的构想上。"有些事情，你虽然尽了很大的努力，但你迟早要发现自己处于一个进退两难的地位，你所走的研究路线也许只是一条死胡同，这个时候，最明智的办法就是抽身退出，去研究别的项目，寻找成功的机会。

牛顿早年就是永动机的追随者。在进行了大量的实验之后，他很失望，但他很明智地退出了对永动机的研究，在力学中投入更大的精力。最终，许多永动机的研究者默默而终，而牛顿却摆脱了无谓的研究，而在其他方面脱颖而出。有的人失败，不是没有本事，而是定错了目标，成功者为避免失败，时刻检查目标是否合乎实际，合乎道德。

一个人要获得事业上的成功，首先要有目标，这是人生的起点，没有目标，就没有动力，但这个目标必须是合理的，即合乎实际情况和客观规律、合乎社会道德的；如果不是，那么，即使你再有本事，付出千百倍努力，也不会获得成功。

马克思·玻恩

一个人的品格力量是极具感染力的

马克思·玻恩，德裔英国物理学家。由于对量子力学的研究和对亚原子粒子的特征做了统计学的系统阐述，荣获1954年诺贝尔物理学奖。

● **名人名言**

一个人的品格力量往往会激发别人的品格的力量。它会产生共鸣，这是人类发生影响的重要媒介之一。一个充满激情、精力充沛的人不知不觉地会带动周围的人。这种样板是极具感染力的。它迫使人家去效仿，从它身上汲取力量，它产生一种活力，通过每一根神经来传导兴奋，最后使它们释放出火花。

● **精彩解读**

悬挂在房间里的一个高尚的或一个善良的人物肖像，或许也可以是我们的同伴。他给我们一种更为密切的个人的情趣。看着他的身形，我们似乎对他更多了一份了解，关系也更为密切。它把我们和一个比我们高尚、比我们优秀的人联系起来。尽管我们可能远远达不到这个目标水平，但是，由于他的画像时时悬挂在我们面前，在一定程度上，我们在不断向他接近，在完善自我。

福克斯曾经很自豪地谈到了伯克的言谈举止对自己的深远影响。有一次，福克斯曾经谈到，"如果他把从书本上学到的有关政治的所有知识、从自然科学中学到的一切东西和从日常生活中所获得的知识放进一个天平盘，把从伯克的言谈和教诲中学到的东西放进另一个天平盘，后者将会在重量上占绝对优势"。

一个人的品格力量往往会激发别人的品格的力量。它会产生共鸣，这是人类发生影响的重要媒介之一，一个充满激情、精力充沛的人不知不觉地会带动周围的人。这种样板是极具感染力的，它迫使他人去效

143

仿。它产生一种活力，通过每一根神经来传导兴奋，最后使它们释放出火花。

阿诺德博士的传记曾经谈到他对年轻人所产生的这种影响，他说："震撼他们心灵的，使他们如此狂热地崇拜的不是他的真正的天才、渊博的学识及雄辩的口才，而是一种让人产生共鸣的清力，它来自在生活中正在发生作用的一种精神，这种作用是健康的、持久的，它不断发生作用是由于人们对神的敬畏——这种作用根源于一种深深的责任感和价值感。"

由于伟大人物所产生的这种力量，会唤醒人们的勇敢、激情和忠诚。正是这种对个人的极度崇拜，例如，一个与众不同的观点，每时每刻都在造就英雄和殉道者。品格的控制者能够自己感觉到这一点。它通过感化、刺激和鼓励人的天性，使之屈从于自己的影响。

伟大的精神总是能辐射出影响，它不仅产生力量，而且能够交流甚至创造力量。那些带动了其他人的伟大而又善良的人们，理所当然地会赢得世人的崇敬。这种对高尚品格的崇敬往往会使自己的精神得到升华，使灵魂从自我的奴役中得到拯救，因为自我奴役是道德进步的最大羁绊。这一群人通过自己的伟大的思想或事迹而著称于世，也为时代营造了一个良好的道德氛围，我们感到自己的目标或目的也得到了升华。

● 相关链接

玻恩在十三四岁时候，有一段时间疯狂地迷恋用积木玩军事游戏。他还买来了火药，但是火药发出的猛烈爆炸声吵得家里人和邻居都睡不好。于是父亲为了教育玻恩，给玻恩讲了个故事：1880年左右，爸爸担任军队的军医。每天都有很多从枪林弹雨中受伤的士兵被带到爸爸这里。他们呻吟着，有的失去了眼睛，有的失去了腿，有的连生命都失去了。他们也有自己的爸爸，也有自己的儿女，他们也是普通人呀。爸爸的一个朋友叫米切尔。有一次，他去执行任务，在回来的路上，敌人一阵轰炸，他没有躲过，牺牲了。父亲很平静地讲完了这一切。他没有对他所说的这些事情附加任何评论。玻恩听完之后，一遍一遍地回味着父亲的话。他看到了战争的残酷，多少人因为战争丧失生命！于是玻恩把所有的玩具都扔了，他对战争游戏的兴趣逐渐地消失衰退了。

埃米利·鲍尔奇

重要的人都是不在乎的,而在乎的人往往都是不重要的

　　1867年1月6日,鲍尔奇生于美国马萨诸塞州。埃米利·鲍尔奇是位经济学家兼著名的社会学家。她是美国工会妇女同盟及妇女争取和平和自由国际同盟的创始人之一。1946年12月,鲍尔奇与马特共同获得诺贝尔和平奖。

● 名人名言

　　诺贝尔和平奖获得者鲍尔奇曾经受托为一个晚宴安排宾客座次。在宴会前,她告诉大家,请宾客自便,喜欢坐在哪儿就坐在哪儿,她说:"重要的人都是不在乎的,而在乎的人往往都是不重要的。"从鲍尔奇的说法可以证明,凡是能清楚认识自己"位置"的人,根本没必要为了争位置而不顾一切;更不会为了把自己置于有利的位置而想尽办法出风头,认清自我,所谓正确的自我评价只是知道自己应该努力的方向。

● 精彩解读

　　如何做到自知之明呢?每个人都有上进心,也都有改善生活现状的渴望。但是,当你一心想让生活愈来愈好的同时,如何能找到发挥自己专长的位置才是最重要的,因此如果渴望取得比别人更大的成就,第一步便是能否正确评估自己,并且能务实地接受自己目前所处的现状。一个有自知之明的人因为知道自己的胜算在哪里,知道如何发挥所长,才是真正有希望成功的人。

　　能够接受真实的自我,并能做客观的自我评价是非常重要的一件事,因为只有真正接纳自我的人才能对自己所做的一切勇于承担责任。

　　提高自我评价的最有效方法,就是把自己的优点大声地告诉自己,对自己任何一点长处,或任何出色的表现,都要立即给予肯定的评价。当我们对自己肯定的评价印象越强烈时,我们潜意识中的真实自我就越

能被激发出来，潜力也会被开发出来。因此，对待自己不但要谨言慎行，还要有积极的态度。

所有成功的人必定都是每天不断对自己说："我一定行!""我已经准备好了!""我一定没问题!""我比以前进步得多。"这种对自己不断的正面的鼓励，绝对可以有效激发自己的潜能。所有的失败者往往误以为"谦虚"是一种礼貌，他们以为贬低自己是有幽默感，对人谦虚，再对人谦虚，但是却不知道在谦虚的同时，却使得自己在不知不觉中接收了这些自我否定的意识，因此对自己评价无形中低落至极，当一个人习惯否定自己的价值，再想要指望他有好的表现，将是十分困难的。

所以，只有当你真正认识自己，才能在别人奉承自己的时候，知道该如何阻止他们，而且也才能不断去发现自己的表现价值。几乎所有获得胜利的成功者，都是对自我形象感到满意，并对别人能够客观评价自己而感到高兴。更特别的是，他们都极具个人魅力，所以能够很自然地吸引别人的支持，因而从来不觉得自己孤立。

成功者都很相信自己的能力，他们会为自己感到自豪。因为他们确信自己很有价值，所以他们也才能像爱自己一样去爱别人。所谓积极乐观并不是要过高地评估自己的能力，如果一个能力不足的人做超过自己能力的事，结果一事无成的概率会很高，倒不如去做自己力所能及的事，这样不仅容易成功，而且也能有效提高自己的能力并增强自信心。

认识自己最好的五个方法就是：（1）利用心理测验，客观地测试你的能力。（2）留意周遭朋友、同事或老板、顾客对你的反映。（3）用心检视生命的每一轨迹，因为追踪历史可以知道现在和未来。（4）把自己置于严苛、新奇的环境中，使你必须尽力求生存，然后，再从你的行为中去认识自我。（5）运用想象力启发自己的潜能。以这五种方法都可以使你对自己产生宝贵、新鲜且不同的认识。

哈　伯

精耕细作要胜于广种薄收

哈伯，德国化学家。他发明了固氮法，首次使用工业方法将大气中的氮和氢元素合成为氨，为氮肥工业的建立和发展做出了巨大贡献。1918年获得诺贝尔化学奖。

● **名人名言**

现代社会需要的是某一个专业或某个领域的通晓者和精通者，所以精耕细作要胜于广种薄收。

● **精彩解读**

在如何成才以及成为什么样人才的问题上，有很多的争论。一方面，大多数家长和学者都赞成：现代社会的人才应该具有广博的知识和深厚的文化根基，能够对各行各业都有一些了解。因此，我们现在的教育是一种通才的教育，每一名学生都要学习很多课程，对每一个学科的知识也都有一些了解。

另一方面，随着科学技术的发展，想要通晓各个领域的知识的时代已经一去不复返了，现在没有人能够通晓古今、学贯中西了，能够在一个领域内有所成就已经很不容易了。正如一个历史学家不需要懂得很多生物学知识，一位企业家不需要懂得很多考古学知识一样，现在社会上需要的是某一个专业的通晓者和精通者。很多人都有这样的感觉，在走上社会以后，以前所学的各行各业的知识很少能够派上用场，或者已经被遗忘。人们由于长期从事一些专业领域的练习和学习，而对自己所从事的专业领域的知识比较熟悉。并且，随着社会的发展，对这种专业知识的要求会越来越高。

虽然在理论界仍然有学者在争论"专才"和"通才"孰优孰劣，但是现代社会发展的趋势已经使"通才"成为一个遥远的神话。现代科学的发展和信息的疯狂扩张，使得每一个人都只能在一个研究领域内施展才华，很少有人能够像古希腊时期的亚里士多德那样能够在多个学科领域中游刃有余。一个人一生能在某一个领域内做出一点贡献就已经非常难能可贵了。当代社会，如果有人试图在多个领域内部有建树，那么他努力的结果往往只能是"广种薄收"，对于每个领域都有些了解，但很难做到门门精通。

所以智者总是把自己的精力集中在一个自己喜欢的领域内精耕细作，最终有所建树。历史上的成功者们大多不是精通各个领域知识的全才。相反，他们常常是选择一个领域而深究，最终获得成功。普希金的数学十分糟糕，但是他在文学上有很高的造诣；爱因斯坦的历史和语言学都不是很出色，但是却能够在物理学领域里提出震惊环宇的相对论；钱钟书先生的语言学才能和学术功底几乎为21世纪画上了句号，但是他在考清华时数学却不及格。这些杰出人物在某一个领域的巨大成就举世瞩目，但是如果他们的兴趣涉及众多的领域内，也很可能会广种薄收。因此，要达到成功，一个最简捷的办法就是直达目标，毫不动摇。

一天，在富兰克林的报社前面的商店里，一个男人在犹豫了将近1小时后开口问店员："这本书多少钱？""1美元。""能不能少点儿？"店员没有同意。这个人思考了一会儿，然后问："富兰克林先生在吗？""在，他在印刷室忙着呢。""那好，我要见他。"在顾客的坚持下，店员把富兰克林叫了出来。这人问："富兰克林先生，这本书你能出的最高价格是什么？""1美元25分。"富兰克林不假思索地回答。顾客大吃一惊，富兰克林说："我情愿倒给你钱也不愿离开我的工作。"这位顾客心想：罢了，结束这场由美元引起的谈判吧。他说："好吧，你说这本书最少要多少钱吧。""1美元50分"。那顾客听了这话，默默地把钱放在柜台上，拿起书就出去了。富兰克林这位著名的物理学家和政治家给他上了终生难忘的一课。对于有志成大事者，时间和精力要集中在重要的事上。

人的一生只有几十年抑或百年，时间和精力都是有限的，要在有限的时间内，将有限的精力用在最适合自己发展的领域并且不断深究，才能有所得。把好钢用在刀刃上，才能干一行爱一行。而对各个领域都有研究的人常常由于精力分散而难以深入，从而形成"广种薄收"的效果，事倍功半，实属遗憾。

汤川秀树

品性是成功人生的重要资本

汤川秀树，日本物理学家。因为发现介子，1949年获得了诺贝尔物理学奖。他是日本第一个，也是亚洲第一个获得这一奖项的人。

● 名人名言

品性修炼，对一个人的成才有着极大的助益，品性是成功人生的一个重要资本。

● 精彩解读

最近，华裔美国科学家、微软中国研究院院长李开复在写给中国学生的一封长信里，详细地谈了该如何在未来的留学、工作或者创业的过程中获得成功，其中第一条就是要"坚守诚信、正直的原则"。这往往不被人放在眼里，只有睿智的人才会理解品性的价值。

品性的修炼，不仅要特别重视品德，而且要特别重视性格和态度。后者与品德是紧密联系在一起的，而且更加全面实际，更易操作。爱默生说："我们的性格决定我们的抉择，这一观点并非是宿命论。"一个人的性格决定他的命运，如果你不想改变你现有的性格，那么，你就无权拒绝你的命运。

性格问题，实际上主要是态度问题，即对自己、对他人、对社会和对学习、对工作、对事业持有的较为稳定的态度。好学生与差学生的差别，往往不是他们在智力上有多么大的差别，而是在于他们对自己、对学习的态度不同。好学生对自己充满信心、充满希望，对学习是认真、积极、勤奋的态度；而差学生则对自己的态度是自暴自弃、破罐破摔，对学习则是马虎、消极、懒惰的态度。态度的差异，导致成绩上的差异。在学习上如此，在交际上更是如此。大凡交际能力高的人，就是对他人持有友善、热情的态度，而那些交际能力差的人，对他人所持的是冷漠、被动的态度而已。谢安（东晋的政治家、军事家）在大兵压境、国家危在旦夕时仍然沉着稳健，镇定自若；而有的人遇到一点困难，就垂头丧气，心灰意冷。这都是态度的不同啊！

一些很有见地的公司也越来越重视人才的态度。日本的经营之神松下幸之助不爱用那些"顶尖"人才。为什么呢？就是因为这种人往往自视甚高，总是抱怨环境，抱怨职务、待遇与自己的才能不相称。持这种态度的人，往往对工作缺乏责任心和工作热忱，干起工作来不会出色，他有的那点才能也发挥不出来。而另一些能力仅仅是这类人的70%，但却没有一流人才的傲气，工作踏实、肯干，反而能够为公司出大力。所以，松下把70分的中等人才，不仅不看成是坏事，反而说这是"公司的福气"。松下本人就认为自己也不是"一流"人才，但他的态度分肯定多。

美国西北大学理事会主席兼心理学博士史各特说："决定成功与失败，态度比能力更重要。"哈佛大学的一项研究表明：成功、成就、升迁等原因的85%是因为人们的态度，而仅有15%是出于人们的专门技术。然而，现在的教育，只教人专业技术，而不教人对自己、对他人、对组织、对事业的正确态度。事实上，人们花费着90%的时间、精力、金钱，来学习那15%的成功因素，而对于占85%的成功因素却从未意识到！这是多么大的失误啊。

福尔哈德

想干大事，就不要自卑

福尔哈德，德国的发育遗传学家。因为在早期胚胎发育方面做出了成就，1995年获得诺贝尔生理学及医学奖。

● 名人名言

想干大事，一开始就不要自卑。否则，你只能被自己嘲笑死。

● 精彩解读

自我们出生到死亡，我们的心灵与肉体，便一直相互矛盾，相互统一着。

因为每个人的生活风格不同，因此人与人之间在心灵上有着巨大的差异。有缺陷的人，在心灵的发展上要比其他人有更多的阻碍，他们的心灵也较难影响、指使和命令他们的肉体趋向优越的地位。他们需要花费更多的精力，才能获得相同的目标。由于他们心灵负荷重，会变得以自我为中心，只顾自己。结果，这些人的社会感觉和合作能力就比其他人差。弱点尽管造成了许多阻碍，但绝非无法摆脱自我命运。如果心灵主动运用其能力克服困难，可能会和正常人一样获得成功。事实也证明，有弱点的人，虽然遭受许多困扰，却常常要比那些身体正常的人有更多的成就。身体阻碍往往能促使一些人前进。当然，只有那些决心要对群体有所贡献而兴趣又不集中于自己身上的人，才能成功地学会补偿。

每个人都有不同程度的自卑感，因为我们都希望改进自己所处的环境。没有人能够长期忍受自卑感，一定会使人采取某种行为，解除自己的紧张状态。但是，如果一个人已经气馁，认为自己的努力不可能改变所处的环境，却又仍然无法忍受他的自卑感，那么他依旧会设法摆脱他们，只是所用的方法不能使他有所进步。他的目标虽然还是"凌驾于困难之上"，可他却不再克服障碍，而是用一种优越感来自我陶醉，麻木自己。造成自卑感的情境仍然一成未变，问题依然存在，自卑感会越积越多，行动会逐渐将他自己导入自欺之中，这便是"自卑情结"。这个术语的定义是：当个体面对一个他无法适当应付的问题时，当他表示他绝对无法解决这个问题时，此时出现的便是"自卑情结"。如果别人告诉他正在蒙受自卑情结之害，而不是让他知道如何克服，他们只会加深他的自卑感。应该是找出他在生活风格中表现出的气馁之处，在他缺少勇气时鼓励他。

其实，自卑感本身并不是变态的，它是人类地位之所以增进的原因。自卑感肇始于人的懦弱和无能，由于每个人都曾是人类中最弱小的，加之缺少合作，只有完全听凭其环境的宰割，所以，假使未曾学会合作，他必然会走向悲观之途，导致自卑情绪。对最会合作的人而言，生活也会不断向他提出尚待解决的问题，没有谁会发现自己所处的地位已接受完全控制其环境的最终目标，谁也不会满足于自己的成就而止步不前。

每个人都有自己的优越感目标，它是属于个人独有的，取决于他赋予生活的意义。这种意义不只是口头上说说而已，而是建立在他的生活风格之中。优越感的目标如同生活的意义一样是在摸索中定下来的。

优越感的目标一旦被个体化以后，个体就会节减或限制其潜能，以适应他的目标，争取优越感的最佳理想。对于一个健康的人来说，当他的努力受阻于某一特定方向时，他会另外寻找新的门路。因此，对优越的追求是极具弹性的。有关学者指出，特别强烈地对优越的追求使人变得极其自尊，这些人毫不掩饰地表现出他的优越追求，他们会断言："我是拿破仑"，"我是中国的皇帝"，"希望自己成为世界瞩目的中心"。

事实上，对优越的追求是所有人类的通性，而这些人的错误在于他们的努力指向是生活中不大可能获得成功的一面。若要帮助这些用错误方法追求优越的人，首先是让他们知道，人对于行为、理想、目标和性格等各种要求，都应以合作为基础，要面对真正的生活，重新肯定自己的力量。

世界上有许多成功名人，在学校中曾是屈居人后的孩子，后来恢复了勇气和信心，取得了伟大的成就。能够妨碍事业成功的，不是遗传，而是对失败的畏惧，是自我的气馁和自卑情绪。因而，你如果有了成功的目标，你必须搬开自卑的绊脚石。

索尔·贝洛

培养一个完美的个性

索尔·贝洛，美国小说家。他的作品有《挂起来的人》《受害者》等，1976年因小说《洪堡的礼物》获诺贝尔文学奖。

● 名人名言

在有了一个好的外部形象的同时，还必须培养一个完美的个性。

● 精彩解读

人无完人，要想克服个性中的缺点，先要分析自己的个性，同时了解优良个性的特征，以便朝那个方向努力。一般说来，优良的个性具有如下特征：

（1）诚意。一个对工作学习和他人抱有诚意的人，往往能够冲破个性上的一些缺点。

（2）理智。这就要开动人的思维机器，要多看、多听、多思，凡事都能以明确而理智的行为来进行，在处理事情的过程中，不随意埋怨、轻视别人，即使发生在你面前的是重大事件，也能冷静理性地应变，渡过难关。

（3）友情。友情可以使你交友广阔，建立充满善意和体贴的良好的人际关系。

（4）魅力。这和个人风采有关，清洁、整齐、潇洒的风采，再加上良好的教养，定能助人事业成功，魅力是一种无形的美。每个人都可能有独特的魅力，但是只有当我们与人交往时，魅力才会被感受到。

魅力的神秘感体现在言语未到之时。也许是一个眼神，是手轻轻地一触，或仅仅是一种感觉；是一种内在吸引力，是教养、举止以及气质的综合。心理学家提供的几种培养魅力的方法值得我们参考：

（1）注重礼貌仪态。在任何场合中，谨记以礼待人、举止文雅。

（2）态度开朗，和蔼可亲，特别是应该具有接受批评的雅量和自嘲的勇气。

（3）对别人显示浓厚的兴趣和关心。大多数人都喜欢谈自己，因此在与人交际时应该懂得如何引发对方表露自己。

（4）与人交往时，经常和他们的目光相接触，使对方产生知己之感。

（5）博览群书，使自己不致言谈无味。

（6）慷慨大度，这样才能获得别人的欣赏。充实自我，完善个性，会让你比别人有更多的机会更快地赚到钱。

许多商业名家在评价李嘉诚成功之路时说："……纵观他的大半生，他的所有行动和心理，都具有鲜明的个性。"

阿伦尼乌斯

竞争即搏命

阿伦尼乌斯，瑞典物理化学家、电离理论的创立者。由于他解释了溶液中的元素是如何被电解分离的现象，获得1903年诺贝尔化学奖。

● **名人名言**

不必再有丝毫犹豫，竞争即搏命，更是斗智斗勇。倘若连这点勇气都没有，谈何在社会上立足，超越他人？

● **精彩解读**

如果你真的去尝试，你就能够成功。不错，只要你能勇敢地尝试，那些曾把你打败、整惨、击倒的事情，都可以处理、安排、克服。世界上完成丰功伟业的人中，以各种情形来说，只有极少数是超级智慧型的人。但是，他们有一项优秀的特点，使他们勇往直前：他们只是去尝试。如果你不去尝试，你将永远不知道你能做些什么。的确，尝试是成功的秘诀。对待问题和困难的态度，是控制和征服它们的最重要因素。

专门撰写激励文章的克米·陆克报道说，有一所大学组织了一个研究计划，以探讨成功公式的因素，结果找出四项：智商、知识、技术、态度。根据陆克的说法，"态度"惊人地占了成功因素的93%。重要的是，采取一种决心继续尝试的态度，绝不放弃，坚持到底，永不退缩，勇往直前，你就会成功。只要你去尝试，你就学到了所有成功的秘诀中最重要的一项。

事实上，那些精通"尝试"技巧的人，也许并没有什么聪明才华，但却在一生中有所建树，有时候甚至是惊人的成就。就因为他们变成了大无畏和击不倒的竞争者。他们变成完全无法接受庸庸碌碌，或停止追求那似乎是难以捕捉的十全十美。

　　已故的勃蓝奇·李基所著论述美国棒球的《美国钻石》，是此类书籍的经典佳作，最为精彩的是对美国棒球史上那些伟大球员的评估，和造成一位顶尖棒球手特质的训练。李基所选的是，有史以来，至少到他那个时代最伟大的两名球员，一个是何纳斯·威格纳；另一个是泰·卡布。前者是匹兹堡棒球队著名的游击手，后者是底特律球队不朽的投手。

　　他称呼卡布为"一场必胜球赛不可或缺的选手"。李基说，卡布并没有一只了不得的手臂；为了弥补，他几乎是日夜不停地练习从外野投球。他的目标是，使球第一次碰地时，沿着表面抛出，而不是减速跳回。也就是说，要对旋转和适当的轨道有充分的控制。"有没有人，"李基问，"曾听说过一名棒球手，自动去单独承受那样辛苦的练习，结果，他培养出一种准确性、高超的投掷，以及正确的旋转，使他变成了最伟大的外野手。"卡布在外野投球的时候，从来不跑第二步。他在什么地方抓到球，就在什么地方投出。他的想法是"打击的人正以全速跑着，我跑5尺的时候，他已跑了15尺"。他成了棒球高手，因为他总是努力使自己尽可能变成一具十全十美的棒球机器。李基称他为"棒球最热心和最辛苦的学习者——在攻击和防守方面都是最伟大的十全十美者"。他一生中的平均打击率是三成六七，以及难以相信的892次盗垒纪录。

　　尝试，当然不能只为了一时，而必须是一种连续的过程，不断地高速进行。做到了这点，那么目标就会达到，目的就会完成。继续——继续——继续——是成功的三点公式。然而不幸的是，太多人继续的时间不够，就厌倦了，或被一种徒劳的感觉挫败与征服。

　　因此，他们就这样放弃努力，不再尝试。"没有用的，我放弃了。"他们如此说，就相信了最终的失败。他们就这样中途放弃。但往往是，假如他们再努力一会儿，他们花了那么多工夫去追求的东西，就会到手了。最后的拼命努力，往往变成胜利的关键。

　　有一个故事，是关于从前一个寻金的人。他花了好几天的时间挖地，寻找一堆他确定是在那里的黄金。一天又一天，他挥舞锄子，流着汗水。但最后"他被失望侵袭住了"。他生气而徒然地把锄子往地上一丢，并收拾他的东西离开了。许多年之后，那只把柄锈了的锄子被发现，而且，它离金子只有6尺之远。坚忍不拔，绝不退缩，勇往直前——这才是答案，也是获得成功、达成目标的积极原则。

薛定谔

保持积极的态度，良好的精神状态

薛定谔，奥地利物理学家。因建立量子力学中的波动方程而与英国科学家狄拉克共同分享1933年的诺贝尔物理学奖。

● 名人名言

无论何时何地，无论任何时刻我们都要保持积极的态度，良好的精神状态，这是成功所必需的。

● 精彩解读

人们有两种态度，一是积极态度，一是消极态度。创业人必须去掉心中的消极思想，让精神世界只有积极思想，除此以外，别无其他。态度积极与否，决定你的事业能否成功，成功者积极，失败者消极。阅读任何一本成功人士的传记，你都只读到积极的一面，消极在他们的生命中，没有什么分量。

积极是一份活动，对于眼前的一切，感觉到充满生机，你喜欢参与任何活动，看到每件事物，感觉生机盎然，每一口饭都好吃，每个女人都美丽，路上每朵花、每根草都是那么称心，每个小孩子都那样可爱。创业人具有积极的态度，必能应付诸多的挑战。

快乐是最完美的情绪。真正快乐的人，决不会伤害别人，他想把快乐让每个人分享。很多大奸大恶的人，干了很多坏事，损人利己，品行不端却有名有利，看来好像很快乐，实际是不人道的快乐，伤天害理。从高层次的立场言之，快乐就是最完美的道德。只要你心中快乐，态度就会积极，唯有不快乐、心中多忧愁的人，态度才会消极。

不要把小事记在心上。胸怀广阔的人，对于小小得失，绝不耿耿于怀，他们经常抬起头，向前走，吹着口哨，天塌下来当作被子而已，没有什么大不了的。失恋、责骂、诬告，都不过是过眼云烟的事。做生意蚀了本，还可以从头再来，眼前无论光景如何，都抱着乐观的心情，总是往前闯。

有些人当困难出现时，就立即消极对待。这绝不是成功创业者的态度。无论任何困难，你都要设想解决方法，只要有动脑筋思考的意思，潜意识就会运作，一个接一个地解决办法，会浮现在脑海中。就是不能百分之百地解决，也可以解决九成、八成、七成或六成，甚至五成。只要解决一点，也总比什么都不干而彻底失败，要好上百倍。

处事态度是会传染的，和仁义之士交往，会感染仁义之风；和残暴之人结交，态度就会变得残暴；和胆怯者结交，亦容易事事退缩。同样，和积极之士结交，亦会提高做人处事的积极性。相反，和消极人结交，就觉得事事都很难成功，就是创业了，也影响生意，难以成功。

性格积极的人都知道，他们并不会事事办得好，想法未必周全，故必须经过指正批评，才可以改进。他们不以为批评是攻击，而是给其自省的机会，可以纠正错误，即俗语的"塞钱入你口袋"，有益无害，反之无人批评，任由自己自生自灭，那才要小心呢。

● 人生轨迹

从入学到毕业，薛定谔总是独占鳌头，他每门功课都是优秀。他从来没有回答不出老师的问题的时候。老师常常会在讲完当天的课程后，朝薛定谔招招手，说："你过来一下！"等到薛定谔走到黑板前，老师就在黑板上写出一个比较难的题，让他解答。他呢，对于这些一点儿都不犯怵，表现很轻松。看到老师写完题，他先略微思考一下，然后就能奇迹般地写出正确的解题方法来。

但是，如果以为薛定谔这个天才是坐在阁楼上幻想了一番就取得了这么好的成绩的话，那就大错特错了。即使是天才，也需要努力。事实上，薛定谔从来就没有少做过任何家庭作业。在家里，如果有人问他在哪里，回答总是一成不变的，"他在楼上自己的屋子里学习呢！"他不比任何一个人少用功。他的天才称号不仅来自头脑，更来自勤奋。

默里·盖尔曼

鼓励是最好的老师

默里·盖尔曼，美国物理学家。因发现基本粒子的分类及其相关作用，提出"夸克模型"获得1969年诺贝尔物理学奖。

● **名人名言**

越是在困难的时候越要给自己多一点鼓励，鼓励是最好的老师，它会激励你自己勇敢地面对。

● **精彩解读**

李嘉诚说：苦难的生活，是我人生的最好锻炼，尤其是做推销员的时候，使我学会了不少东西，明白了不少事理。那时母亲每天都在给我加油，包括我自己，也是无时无刻不在鼓励自己。

我们常常会遭到这样那样的困难，困难会使我们受到挫折和打击，使我们产生失败感、自卑心，这不利于我们实现自己的理想，但善于激励自己则可以及时地调整自己的精神状态，使自己从阴影里走出来。

激励是一种积极的心理暗示，你不妨试试每天早上朝着镜子对自己说："我是一个有用的人，我有极高的才能和天分，这必须要感谢上天，它使我有健康的身体与坚毅的精神、对他人富有同情心，我具备如此多优点，绝不可能不获成功的。今天我一定会有好运，因为清早起来我就感觉非常愉快，对于工作我一定积极去做。"

如果你每天清晨醒来时，能够把以上的话重复3遍，那么你一天的精力就会格外充沛。这些话，你不妨在洗脸的时候，对着镜子说3遍；等到进入办公室时，再在落地镜前有力地重复，并且加上一些身体动作。你越是重复地说这样的话，一股无形的力量便会激发你心底的潜能，使它充满你的全身，这是一种非常奇妙的作用。因为镜中呈现的是自己的具体形象，因此更可以感觉出自己的坚强和信心。

　　古印度的莫卧儿皇帝在一生中也经历过许多次失败。有一次，他不得不在一个马槽里躲避敌军的搜捕。作为一国之统帅不得不躲在马槽里，他越想越丧气，简直忍不住要冲出去放弃自己的生命。就在这时，他看到马槽里有一只蚂蚁在艰难地拖着一颗玉米粒，它试着爬过一道看来它不可能过去的坎。这已经是第六次了，蚂蚁从坎上翻滚下来，但小小的蚂蚁似乎没有意识到困难的巨大，它又一次衔起玉米粒爬了上去，终于它成功地翻了过去。莫卧儿皇帝从中受到了巨大的鼓舞，脱险后他再一次招集军队，不屈不挠地与敌人斗争，最后他建立了中世纪最后一个横跨欧亚非的帝国。

　　对一个人来说，可能发生的最坏的事情莫过于他的脑子里总认为自己生来是个不幸的人，命运女神总是跟他过不去。其实，在我们自己的思想王国之外，根本就没有什么命运女神。我们是自己的命运女神，我们自己控制、主宰着自己的命运。

　　如果你希望自己成为英雄人物，你一定要激励自己使你拥有无所畏惧的思想，绝不能害怕任何事情，绝不能使自己成为一个懦夫、一个胆小鬼。

　　如果一直胆小怯懦，如果容易害羞，不妨使自己确信——自己再也不会害怕任何人、任何事，那就不妨昂起头、挺起胸来，不妨宣称一下男子汉气概或是巾帼不让须眉的气概。一定要痛下决心剔掉你个性中的薄弱点。无论别人如何评价你的能力，无论你面临什么困难，你绝不能怀疑自己能成就一番事业的能力，你绝不能对自己能否成为杰出人物心存疑虑。要尽可能地增强你的信心，在很大程度上，运用自我激励的办法可以使你成功地做到这一点。

赫伯特·布朗

要善于控制自己的情绪

赫伯特·布朗，美国化学家。因在有机物合成中引入硼和磷而与德国化学家维蒂一起获得1979年诺贝尔化学奖。

● **名人名言**

人生道路不可能风平浪静，喜怒哀乐的事时有发生，一个人如果不学会对情绪的自我调节，往往喜则冲动，怒失理智，悲会伤身。所以要善于控制自己的情绪。

● **精彩解读**

如果把你情绪中的喜怒哀乐比喻成音符的话。你就是一位优秀的音乐大师。你需要用自己的食指，来奏响最为美妙的情绪音乐。你必须掌握好力度、高低音的调配，也就是说，你需要恰如其分地掌握住自己的情绪。要把自己的情绪、自己的意念当成自己的人生花园，如果你希望情绪花园里枝繁叶茂、花团锦簇，那么你必须潜心栽培花园中的花儿，你必须把你的喜怒哀乐控制得如鱼得水、运用自如。

东晋的宰相谢安，在家里听到自己的军队在淝水前线以少胜多，彻底挫败了百万秦军南侵的军事行动，却能不露声色，安然地下完一盘棋。

人中道路不可能风平浪静，喜怒哀乐也时有发生，一个人如果不学会对情绪的自我调适往往喜则冲功，怒失理智，悲会伤身。魏征在《谏太宗十思疏》里规劝唐太宗：不要因为自己一时高兴，随便奖赏下臣；也不要因为自己一时之怒，对人滥用刑罚。控制激动情绪是非常重要的。

任何喜事，只是代表某一方面或某一阶段的成功。如果把历史视为包袱，不考虑下一步的打算，乐极便可能生悲。"塞翁失马，焉知非福"的故事，形象地说明了福祸是非的转化情况。遇有喜事，也要冷静，要做全盘考虑，做好下一步的打算，这样才能常乐而少悲。考上了大学，不用说是一大喜事，但沉迷于自我陶醉之中，不思今后的努力，就可能走入歧途。遇有成功之事，不要看得太重，要像有一千多项发明的爱迪生一样，把每一项发明当作一个新起点，对自己提出新要求，这样才能使自己更上一层楼。

人逢震怒，容易冲动，做出错事，后悔莫及。所以在怒气旺盛之际少表态，少行动，多听些不同意见，还可以设身处地考虑考虑对方的想法和处境。如果知道自己容易激动，可采用自我告诫的办法，像林则徐那样，自书"制怒"两字张贴于醒目之处，不时地告诫自己。

陷入大悲，人要自拔，转移注意力是很有效的方法。美国的道格拉斯，失去了5岁的掌上明珠之后，出世仅5天的女儿又夭折了，唯一可安慰的是还有个4岁的儿子。一天，儿子要求父亲替他做一艘玩具小船，他没有理由拒绝儿子，就花了三个多小时做好了。他意外地发现，在这几个小时中，自己的心情从来没有这样平静过。原来一个人不可能同时考虑两件事，做玩具时他的注意力被转移了。所以对一些有伤感情绪的人，最好不要让他闲着，换换环境，钓鱼、打球、骑马、拍照，参加公益劳动。离开造成悲伤的环境，使他从悲伤情绪中解脱出来，避免触景生情，睹物思人。

当你情绪激动的时候，不要只顾眼前，不要只图痛快，不要只想自己。而要着眼将来，预想后果，虑及他人，这样或许有利于抑制自己激动的情绪。当你在学习、工作和生活等各个方面遇到挫折的时候，当你的情绪处于一种低谷状态的时候，你必须战胜这种情绪低潮带给你的负面影响。低潮的情绪是累、烦、厌倦的综合。忙了很久也许你就累了，不想再忙碌；一件事情如果你做得多了，觉得没有什么意思了，就会产生厌倦；如果一件事情你总是难以做好，你可能就会消沉起来。消沉是每一个人都曾有过的经历，只是程度不同而已。

当我们真的出现情绪消沉的时候，可以按照以下的方法进行缓解：

● 反省自己的现状：了解自己的情绪低潮，而不是去逃避，要正视困境。

● 思考突破方法：不要停留在郁闷之中，应该主动改善困境。

● 能力比较强的人：当我们比较郁闷的时候，希望有人能够出来拉一把。

● 寻求帮助，并且赞美别人。感恩的心也是帮助我们走出郁闷心绪的一种重要的方法。

亚历山大·弗莱明

珍惜今天，明天才能更美好

亚历山大·弗莱明，英国细菌学家。因为发现了现在广泛应用于医学消炎的青霉素，获得了1945年的诺贝尔生理学及医学奖。

● **名人名言**

人生只有三天：昨天、今天和明天。昨天是回忆，今天是人生的中心，只有珍惜今天，明天才能生活得更美好。

● **精彩解读**

有这样一句名言：有很多事情，只有在你失去它以后才知道它的可贵。这句名言之所以能够流传到今天，是因为它说出了很多人的心里话，也触动了无数人的心灵。人生只有三天：昨天、今天和明天，昨天是回忆，今天是人生的中心。只有珍惜今天，才能生活得更美好。生命中的每一瞬间，过去的将永不会回来；人生的每一次经历，都是生命中不可再得的体验，懂得珍惜自己并不是一件容易的事情。人活着、工作着、奋斗着，总是美好的事情。唯有珍惜自己，才会创造出值得珍重的珍贵日子。所以掌握今天才是人生的真谛。

有很多人一生中都在孜孜不倦地追求未来，他们认为自己的雄心壮志要实现，有远大的目标要完成，有很长的道路要走，所以对今天拥有的家庭的温暖，朋友的友谊，领导的关怀，师长的教诲都没能好好珍惜，等到这些都失去以后才痛心疾首地表示后悔。

记得古希腊著名的哲学家亚里士多德曾经讲过一个拾麦穗的故事：有一个人在田地里拾麦穗，当他走进田地里不久就看见一个很大很饱满的麦穗，但是他觉得前面还有更好的，所以没有去拾。等到他走到田地的尽头的时候，才发现原来那个才是最好的，但是此时已经无法回头……这个故事其实是对人生的一个比喻，有很多人对于眼前拥有的东西从来没有珍惜过，他们的眼睛始终盯着更远的地方，他们渴望有更大的成就，对于眼前的很多机会却不愿意理会，到后来往往后悔莫及，这真是人生的一种悲哀。

聪明的人常常会十分珍惜今天所拥有的一切，而不总是把眼光盯在遥远的未来，所以他们的生活是实际而充实的。当他们进入老年以后，他们不会因为当年的失误而悔恨。而愚者常常把眼光盯在遥远的理想上，他们不懂得明天的幸福正是建立在今天的基础之上，他们往往没有抓住今天，因而他们也不会得到明天。负责起草美国《独立宣言》的中心人物本杰明·富兰克林就是一位认真对待今天的人。他曾经这样说道："今天比明天具有双倍的价值。"还有人进一步说："总是想着明天的人是傻瓜，聪明人的做法是昨天就把一切都做好了。"

生活中的大部分人都没生活在"今天"，他们不是活在"从前"，就是活在"以后"，人生中许多宝贵的时刻都溜走了，因为我们的心都被过去和未来占满了。"活在今天"这个观念并不是非常深奥，却很少有人能做到。大多数人都像昏睡似的，虚度光阴，很少留心周围的事物，多数人在大部分的时间里都是不知不觉的。你如果想成为那少数有知觉的人，切记现在，所拥有的只是现在。活在今天非常重要，因为只有此时才是你真正拥有的。除了此时此刻，你别无选择。活在今天，就是要承认你得不到过去或未来的时刻。活在今天，不外乎是享有眼前的一切。有一位艺术家，他就是能够活在今天的人，他辞去了大学里的教授之职，从事心灵探索，并且追求个人成长。他说没有工作的生活对他而言一点难处都没有，他只是在"掌握此刻"。掌握此刻对于享受创意的人生是很重要的，创意品质的优劣要看你能不能完全投入活动之中，只有如此，你才会从所做的事情当中得到充分的快意与满足。不管你正在下棋还是和朋友说话，抑或是观看落日，掌握此刻才是真的美好。将创意投注于现在，会产生一种明快亲切的感觉且感到与世界之间的真正和谐。要掌握此刻，你首先必须学会一次只做一件事，而不要同时去做两件或三件事，然后一直做到该放手的时候为止。

约瑟夫·默里

成功的人生就是不断地积累和在合适的时机爆发

约瑟夫·默里，美国著名的医学家。1919年出生于美国，由于在人类器官移植技术方面的杰出成就，荣获1990年诺贝尔生理学及医学奖。

● 名人名言

成功的人生就是不断地积累和在合适的时机爆发的过程。正如一位优秀的射手，你的箭会一次比一次射得更远，一次比一次目标更高。

● 精彩解读

做一件事情就像张弓射箭一样，必须将弓张满，使力度达到一定的程度，这样，你的箭才会射得更远。你的弓渐渐张开的过程，就是你逐渐积累的过程；你的箭射出去的瞬间，就是你爆发的时候。然而，如果你想把自己的箭射得更远，射得更多，你需要不停地张弓和射箭，这就是你人生的一次次的积累和爆发的过程。如果你是一位优秀的射手，你的箭会一次比一次射得更远，一次比一次目标更高。

无论我们的靶子是什么，第一次便能正中红心的机会毕竟是少之又少的。有经验的射手射出的第一箭通常只是在衡量风向，接下来才是瞄准目标。人的事业通常也不是一次就能够完成的，运动员令人惊叹的表演背后需要进行长久的练习，音乐家出色的演奏背后常常需要艰苦的训练。人生的目标常常是没有尽头的，在你还是一个普通的学生的时候，你可能认为自己什么时候能够拥有一套房子就好了；当你真正有了房子的时候，你仍然会想，如果再有一辆车就好了；等你有了车的时候，你又会想，能够自己开一家公司就更好了；当你有了自己的公司的时候，你可能又想着要出国定居了……人生的目标是没有尽头的，没有人能够一劳永逸，而且人生中最重要的是一个过程，这个过程就是一个不断成长和增加自己的价值的过程，需要不断地为自己设立新的目标并且不断地克服所面临的困难的过程。这就是一个不断积累和爆发的过程，积累——爆发——再积累——再爆发，这是人生拼搏和奋斗的过程。

不成功的人生是爆发一次然后就销声匿迹，平庸的人生是终生不断燃烧而无所积累，更谈不上爆发。

许多人凭借年轻时的闯劲实现了人生的第一次爆发，却在随后而来的挫折中彻底崩溃，终生不再爆发。还有一些人，不管第一次爆发是成功还是失败，都能认真总结经验和教训，确定第二次冲锋，实现第二次爆发。

最成功的人生轨迹应该是青年时期爆发一次，中年时期再积累、再爆发，到了老年，如果能够继续前进，还会有第三次爆发。辉煌的人生就是不断地积累、爆发，再积累、再爆发，直至生命的最后一刻。而平庸的人生就像导火线一样只是燃烧，既没有积累也不会爆发。

为什么有的文学爱好者一生都在爬格子，却总不见有文章发表；为什么有的人文章虽然变成了铅字却没有引起轰动效应；为什么有的成名作家虽然轰动一时但很快就像流星一样消失了。而有些作家则是既多产且佳作不断涌现。为什么有些学者终生都没有研究出什么有价值的成果；为什么有的学者研究出一两个成果以后就躺在功劳簿上睡大觉，而有的却能不断攻关，硕果累累？原因就在于是否做到了积累爆发，再积累再爆发。一般来讲，要实现这种人生的辉煌，必须要有高起点和远大的目标，还要不断地积累知识存储能量，最后还要选择适当的时机爆发，这样才能产生巨大的轰动效应。

聪明人懂得不断地积累并且能选择在恰当的时机爆发，最终铸就人生的辉煌。

马可尼

健全的心灵寓于健康的身体

马可尼，意大利发明家，无线电通信的奠基人。因发明无线电报技术，与德国科学家布劳恩共同分享1909年诺贝尔物理学奖。

● 名人名言

一个健康的乞丐要比一个被疾病缠身的国王幸福得多。健全的心灵寓于健康的身体。

● 精彩解读

德国著名哲学家叔本华曾经说过："一个健康的乞丐要比一个被疾病缠身的国王幸福得多。"可见，一个健康的身体有多么重要。居里夫人也曾经讲过："科学的基础是健康的身体。"她不仅注意自己的身体，还要求她的两个女儿也要坚持锻炼，她常常带着孩子们去远足、游泳、爬山，后来她的大女儿也获得了诺贝尔奖。

事实上，自1901年诺贝尔奖颁发以来，不少获奖者都是体坛健将：密立根是网球运动员，康普顿热爱球类运动。丹麦杰出的物理学家波耳年轻的时候就是丹麦国家足球队的守门员。英国杰出的戏剧家萧伯纳不仅才思敏捷，而且有一副可与运动员相比的健康体魄。萧伯纳小时候，他的父亲对他说："孩子，以后要好好对待自己的身体，要以我为前车之鉴啊。"原来萧伯纳的父亲总是吃大量的肉、喝很多的酒，整天抽烟，而且还不喜欢运动。萧伯纳后来生活得非常有规律，他不吸烟、不喝酒甚至不吃肉、不喝茶，他一生都在坚持体育锻炼。

按生物学原理，哺乳动物的寿命是其生长期的5—7倍。人的生长期是以最后一颗牙齿长出的年龄为标准，也即是20—25岁。因此。人类的寿命应是100—175岁，多数学者认为是120岁。人生的120岁可以分为两个春天：0—60岁为第一个春天，即播种耕耘的春天；61—120岁为第二个春天，即金色收获的春天。生命的第二个春天应当比第一个春天更幸福、和谐、富有。

生活中的竞争、进步都需要付出辛劳与汗水的代价，但不应付出健康与生命的代价。我们可以崇拜保尔·柯察金的精神，但是牺牲健康和生命的做法在今天的时代是值得商榷的。

"健全的心灵寓于健康的身体"。这句格言可追溯到古罗马时代，而且历久弥新，到今天仍然适用。如果你想成功，想实现人生的自我价值，你一定要注意保持身体健康。作为人生事业目标实施主体的你，不能因自己身体状况不佳而影响到目标的实现。健康欠佳会减弱你的决策能力，因为如果达到一个目标需要较多的体力与耐力，你可能就会因此而放弃。即使这种影响只是在下意识里，终究会使你的决定不够谨慎，以致波及许许多多的人。事实上，当健康因素可能影响到决策力时，领导人就该辞去原有的职务。不管怎么说，即使在比较次要的职位上，这些人仍可贡献多年的经验与知识来帮助团队。为了健全的心灵，为了达到成功的彼岸，尽力保持身体健康吧。

健康长寿是人人向往的生命境界，但是真正能够健康长寿的人并不多，所以在很多人的眼里，健康长寿似乎只是一种神话。实际上，这种境界离每一个人并不遥远。只要你按照下面的建议安排你的生活并调整你的心态，健康长寿就近在咫尺。

首先要确立积极心态。各行各业的成功者中，健康长寿的人比比皆是：发明大王爱迪生活了84岁，钢铁大王卡耐基84岁，日本企业巨人松下幸之助90多岁，美国成功学家拿破仑·希尔87岁……事业成功和健康长寿可以相辅相成。

积极心态对你的健康、对你的生活和工作都起着重要的作用。心态愈积极，就会过得愈来愈好。有些人每天在刚刚醒过来时和就寝前都要把这句话朗诵好几遍，对他们来说，这句话并不是华而不实的语言。所以积极的心态会促进你的心理健康和身体健康，延长寿命。

福井谦一

执着创造机会

福井谦一，日本化学家。因为研究化学反应的过程，阐明了分子轨道对称守恒原理，1981 年获得诺贝尔化学奖。

● 名人名言

执着创造机会，是到达成功之路的保证，是登上成功巅峰的天梯，是前进不止的猎猎战旗。

● 精彩解读

一个人讲过这样一件事：他的工作需要经常出差，但常常买不到对号入座的车票。奇怪的是不论是长途还是短途，无论车上有多挤，他总能找到座位，办法其实很简单。就是他每次都是耐心地一个车厢又一个车厢地找过去。这个办法看上去，没有什么高明之处，但却非常管用。每次乘坐火车，他都做了从第一节车厢走到最后一节车厢来找座位的准备，每次都能够如愿以偿，而且每次他都用不着走到最后一节车厢就能够发现空位。他还说，像他这样坚持不懈、锲而不舍地找座位的乘客实在不多。最常见的情况是：在他所在车厢里还有若干个空座位，而在其他车厢的过道和车厢接头处，却是人满为患。

他深有体会地说：实际上大多数乘客轻易地被一两节车厢拥挤的表面现象迷惑了，不去细想在数十次火车到站之中，从火车上下的流动中蕴藏着多少提供座位的机会；有些人即使是想到了这种机会的存在，他们也常常没有那一份寻找空座的耐心。对于大多数人来讲，眼前一方小小的立足之地就很容易让他们感到满足。况且，为了一个座位而背负着行囊挤来挤去，有些人也觉得不值。所以那些不愿主动找座位的乘客，大多数是在上车的地方站很长时间，甚至一直到下车为止。

从他的故事中可以悟出：人的运气其实是自己执着追求的回报。这个人以他的自信、执着，让他始终能够握有一张人生之旅上的坐票。人生的机会不是等来的，而是需要自己积极主动地去寻求，而在寻求机会的过程中最需要一份执着的精神，因为机会常常是在你苦苦寻求的时候出现。正如古诗所描写的那样，"蓦然回首，那人却在灯火阑珊处"。只有这样的机会才让人觉得更加珍贵，只有这个时候才能品尝到成功的喜悦。在通向成功的路上，有很多困难需要解决，有很多苦难需要忍受，这个过程是最需要执着精神的。很多人不愿意坚持到底，不愿意执着地寻求，常常会丧失很多机会。

每个人都会碰到困难，与困难抗争实际上是正常的，也极有挑战性。战胜困难就是强者，那我们怎样战胜困难呢？唯一的答案，就是依靠我们自己的强项。当你在自己的生活和事业中碰到困难时，应遵循一个原则——绝不言退，发挥自己的强项。

要让别人知道你并不是一个懦弱之人，不是一个胆小鬼。即使做事失败了，你不怕困难的精神和勇气也会得到他人的赞赏；如果顺利地克服了困难，这就更向他人证实了你的能力！如果有人出于对你的不服、怀疑、中伤、嫉妒而故意给你出些难题，在你一一解决时，你不仅解除了他人的不良心理，而且还提高了自己的地位。

一个人一生中不可能一帆风顺、事事顺心如意。碰到点儿困难，这并不可怕，应当把困难当成是对自己的一种考验与磨炼。也许你不一定能解决所有的困难，但在克服这些困难的过程中，你在智慧、经验、心志、胸怀等各方面都会有所成长，这对你日后面对困难将有很大的帮助。所谓"不经一事，不长一智"说的就是这个道理。如果你顺利地克服了困难，那么在这一过程中你所累积的经验和信心将是你一生当中最为可贵的财富。所以，"碰到困难，绝不言退"这句话并不只是单纯地让我们勉励自己，它实际上具有很大的价值。如果你不相信，那就想象一下遇难即退的人生后果吧，这种人首先就会被别人当作是一种庸庸碌碌之人，没有人认为他能成就大事。而事实上也确实如此，因为他闪躲、逃避，无法克服困难、提升自己，自然也只能做一些无关紧要的小事情了。

默内斯特·劳伦斯
接受别人的批评是一门高深的艺术

默内斯特·劳伦斯，美国物理学家。因发明和改进回旋加速器，并取得了有关人工放射性等成果，而获得了1939年诺贝尔物理学奖。

● 名人名言

批评别人是一门艺术，接受别人的批评并提高自己更是一门高深的艺术，同时更需要良好的心理素质和社交技巧。

● 精彩解读

面对批评，是人生中不可缺少的一堂课。接受批评，更是一门大学问。有的人刚愎固执，受不得半句批评，对敢于批评自己的人要么火冒三丈，要么耿耿于怀；有的人虚怀若谷，"宰相肚里能撑船"，有批评则一概采纳；有些人表面上千恩万谢地接受，转过身却忘得一干二净；有的人当面是硬不认错，死要面子，背地里却能小心地检讨自己。

其实，以上四者都不能称其是懂得接受批评的人。因为第一者和第四者没有接受批评的雅量，显得风度不佳；第二者没有审视批评的能力，容易随风倒；第三者没有采纳批评的诚意，只是巧言令色。

那么怎样才是正确对待批评的态度呢？对待批评，应该采取五种姿态：

（1）拒绝抗辩。许多人在接受批评的时候都会感到非常愤怒，自以为有绝对正确的理由可以反击，但是结果常常是以自己的彻底失败而告终。无论你是对是错，你和别人进行争辩，都会丧失别人对你的支持和同情，因为这样会使你的风度丧失殆尽。

（2）对批评置之一笑。美国前总统罗斯福的一生中有很多朋友也有很多敌人。几乎从他当上总统那一天起，舆论界就在批评他，随着时间的推移，口诛笔伐愈演愈烈。罗斯福是以怎样的方式来应对的呢？在一次全国性的电视演说中，罗斯福总统说出了以下这段话："我太太不介意外界的传言，我的儿子们都不理会各方面的攻击。而我本人更不会去关心那些无的放矢的批评。但是，全国的同胞们，法拉(他家的狗)快要疯了。"罗斯福总统只是以惯用的微笑，把那些恶意的攻击都轻易地粉碎了。

（3）和批评你的人握手。要是能够跨出一大步去和批评你的人握手，就可以化敌为友。这是迎战批评你的人的最好的方法。因为那些攻击你、批评你的人有些是对自己的处境不满的人，一旦发现你原来也很在乎他们，或者对他们十分友好，他们就会收敛起批评的锋芒。

（4）对"被人批评"感到高兴。人对批评所采取的反应，能够决定他在各项事业中的成功或者失败。对"被人批评"感到高兴能够锻炼自己的心理承受能力，同时也能够使自己不断地完善。因为所有的批评都是针对你的缺点，这些都是你不断前进和发展的空间。你对"被人批评"感到高兴，这是对你成长和成熟的贡献。

（5）承认自己的缺点。当你偶尔犯了一些错误，你要立刻承认，不要试图抵赖。承认过错，别人会觉得你了不起，觉得你很诚实，很有人性。认错才能改过，只有改进，才能从错误中迅速挣脱出来。如果试图去抵赖，反而会陷入更加严重的困境之中。

唐纳德·格拉塞

为自己的成功和缺点承担起全部责任

唐纳德·格拉塞，美国科学家。因发明了对高能物理实验室与研究具有重要意义的技术手段——气泡室，荣获1960年诺贝尔物理学奖。

● 名人名言

在成长的道路上，要自己为自己负责，责任听起来容易，但做起来却很难。我们要为自己的成功和缺点承担起全部责任。

● 精彩解读

一位心理学家发现，成功者总是能为他们的成功和缺点承担起全部责任，相比之下，不成功者往往太热衷于表现"受害者"的角色。比起成功者，不成功者更喜欢宣称，他们的困境都是别人的错误造成的。比如，他们会指责某人"给我带来了困难""对我不公""想害我""偏向别人"，等等。

许多失败者都容易抱怨真的或想象中的别人对其个人或事业造成的伤害。然而事实上，他们很少是真正的受害者。但是一些人却擅长自愿地去学这种角色。当他遇到困难时，他们不是勇敢地面对它，想办法去改善其处境，而是埋怨他们成了受害者，别人给他们带来了困难或他们受到不公的对待，这也可能是真的。

然而对成功者来说，即使他们受到了不公正的待遇，他们仍能勇敢地面对，找出办法来实现其目标。相比之下，不成功者往往就一屁股坐下来说："唉，我真倒霉，我成了可怜的牺牲品。我无法控制我的生活。我希望有人能来照顾照顾我这个可怜的人。"你越勇于面对困境，你越有可能变成成功者。正如存在主义哲学家尼采讲的："人就不该有自由，因为他被抛进了要对他所做的一切负责的世界。"成功者在他们的事业上或个人生活上总把"抛进这个世界"当作一个机会，去承担最高水平的个人责任，许多人称这为成熟或自力更生。

另一方面，失败会浪费了大量的时间和精力去寻找某人来为其成功、幸福和命运负责任；出于这看起来像是小孩对待生活的方法，许多人称之为不成熟，成功者勇于为他们的所作所为以及失败承担责任，他们走上了更为崎岖也能带来更大回报的道路，他们信奉的座右铭是"只要我敢作敢当，则无事不成"。

● 小 资 料

啤酒带来的发明

科学上有很多发现看起来是非常偶然的，有些发明的灵感就来自日常生活。在高能物理中，有一个非常重要的实验工具是气泡室，发明它的是著名的美国物理学家格拉塞。格拉塞是在喝啤酒的时候得到灵感，进而发明了气泡室。那么，啤酒是怎么给格拉塞以启发的呢？那是在1952年，格拉塞已经在从事物理学研究工作，在紧张工作之余，他也喝啤酒放松身心。有一天，他看着新打开的啤酒中冒出了大量的气泡，这些气泡慢慢减少，他摇晃摇晃酒瓶，又出一些气泡，看着从啤酒中冒出的这些气泡，格拉塞心中有所触动，一些直觉的火花就开始闪动。他随手捏了一些固体微粒，可能是沙粒或者米粒，然后将这些微粒投入到啤酒中，当这些小颗粒下沉时，在它们下沉的路线周围又不断产生出气泡，这些气泡很清晰地显示出了颗粒在啤酒中下沉时的路径。

他立刻想到，在探测高能粒子的时候，可以用气泡来显示高能粒子的飞行路径，从而探测和研究这些粒子的各种特性。他回到实验室，把这一偶然中获得的灵感运用到探测带电粒子的研究中，很快发明了气泡室。

气泡室的妙处在于，当有粒子射入气泡室后，便可通过气泡来观察粒子的运动轨迹。科学家便可以通过研究这些运动轨迹来推算这些粒子的属性。气泡室是一种装有透明液体的耐高压容器，里面的液体可以是液态氢、氦、丙烷、戊烷等，这些液体在特定温度下如果突然减压，就会在短时间内处于过热的亚稳状态而不马上沸腾，这时若有高能带电粒子通过就会发生局部沸腾，并在粒子经过的地方产生大量的气泡，从而显示出粒子的径迹。根据径迹的长短、浓淡等数据，便能清楚地分辨出粒子的种类和性质。

亨利·基辛格

准确地为自己定位

亨利·基辛格，美国著名的政治家。由于越南停火谈判的成功，他和黎德寿共同分享了1973年的诺贝尔和平奖。

● **名人名言**

准确地为自己定位，从而确认你自己就是人生目标的发起人，这也是你走向成功的第一步。

● **精彩解读**

确认你自己就是人生目标的发起人。这并不代表你总是必须打先锋，但是，它的确意味着，在所有事情的周期中，你应该辨认出其中某个特别的机会，让你能够提供出与自己定位相关的信息或减轻所面临的问题。最重要的是，你必须认同改变的益处，准备好要做改变，让自己成为一个主控中心。建立运作模式，将它当成是生活的一部分，如此，你的人生目标才可能被正确地定位。

无论任何情况，都要完全地控制自己，对自己要负完全的责任，而忽视这项责任，不但自己无法达成目标，最后更会变得没有能力帮助其他的人。通常，当某个情形变得不可收拾，或计划即将失败时，我们就可能失去控制。其实，能完全控制是最重要的，它可以让你在面临危机时，仍能从中获取经验，将危险化为机遇，而不是被危机打倒。

首先要切忌贪心。有很多人不能成功，或是在成功之后突然破产，原因都是因为太贪心，当然贪心不是唯一的因素，有一个很快可以测试出你是否过于贪心的方法。你只要问自己一个问题：假如我现在开始销售某些东西，我是不是会留下任何东西给其他人?你应该要有肯定的答案。

假如你顺利完成某项计划，你应该总是留一些东西与其他人分享。

请记住，今日你需要或忽视的人，往往可能变成你明日的盟友。

关于自我定位，你必须切记的最后一点是：在这个多变的世界上，将自己定位在一个你想要运作的位置上，不要太过于怀疑，过度小心——因为这些因素会让你麻木，让你充满恐惧或疑虑。这个世界充满了机会，所以我们只要遵循这个大方向，并给自己一个最完美的定位，我们一定能够实现自己的人生目标。

当你在评估自我现在的定位时，你应该对自己秉持公平的态度，特别是关于过去自我的成功经验。自古到今，没有任何一个人，做每一件事情都失败，不分种类或大小，每个人都曾有过成功的经验，而你可以将这些经验，当成是积木，一件件地堆积，并且进行自我评估，你是如何获得那些成功？是幸运，机缘巧合，或是因为你的专业知识？因为你努力工作，是冒险，或者是资讯收集完全？现在，你把自己成功的因素写下来。一是自我的成就。二是自我的失败。三是自我的行为。

这些充分表现出一个人的成长，对旁人的承诺，以及对事实的尊重，这将引导我们，将自我的潜能发挥到极限，经历失败经验，应该已经得到很多的失败教训。现在，你可以进行自我定位的评估，提出能够让你设定目标的基本资料。千万不要忽视从中得到的教训，然后进一步采取行动来矫正自己的弱点。

察人易，察己难，究竟怎样自我评估才是客观的，怎样的目标才是适合自己的，这里有一些简单的原则。

其次要明确你的兴趣。兴趣是最好的导师，兴趣正是人对某种事物的欲望，有了欲望，你才会从内心的深处去争取喜欢的事物，才会不知疲惫，才会感到快乐。由兴趣出发，设立大目标。如果喜欢游泳，你可以立志成为游泳运动员；如果爱玩电脑，你可以追求比尔·盖茨一样的梦；如果看重金钱，你可以学习企业管理，成为一个企业家……用实践检验你的能力。实践是检验真理的唯一标准，如果你在校园编程大赛中荣获第一名，在全市音乐比赛中一举夺冠，那么你绝对有实力成为电脑奇才或歌星、歌唱家。

人们往往在失败时，过分低估自己的实力。其实在失败的时候，你正是可以获得经验，而随着经验得来的是价值非凡的知识。回忆自己的亲身经历，了解自己的成败得失，有助于我们了解自己的长处和弱点，在制定人生大目标的时候，扬长避短。

阿吉·玻尔

一个人成功的最大障碍不是来自外界,而是自身

阿吉·玻尔,他从1905年开始他的科学生涯,一生从事科学研究,整整达57年之久。他的研究工作开始于原子结构未知的年代,结束于原子科学已趋成熟,原子核物理已经得到广泛应用的时代。他对原子科学的贡献使他无疑地成了20世纪上半叶与爱因斯坦并驾齐驱的最伟大的物理学家之一。

● 名人名言

有人说,人最难战胜的是自己。这话的含义是说,一个人成功的最大障碍不是来自外界,而是自身,除了力所未能及的事情做不好之外,自身能做的事不做或做不好,那就是自身的问题,是自制力的问题。

● 精彩解读

如果你今天计划做某件事,但早上起床后,因昨晚休息得太晚而困倦,你是否义无反顾地披衣下床?如果你要远行,但身体乏力,你是否要停止旅行的计划?如果你正在做的一件事遇到了极大的难以克服的困难,你是继续做呢,还是停下来等等看?对诸如此类的问题,若在纸面上回答,答案一目了然,但在现实中,以你身在其中,自己去拷问自己,恐怕也就不会回答得太利索了。眼见的事实是,有那么多的人在生活、工作中遇到了难题,都被打趴下了。他们不是不会简单地回答这些问题,而是思想上的自制力难以控制自己。

自制不仅仅是人的一种美德,在一个人成就事业的过程中,自制也可助其一臂之力。自制,就要克服欲望。自制不仅仅是在物质上克制欲望,对于一个想要取得成功的人来说,精神上的自制力也是重要的。

那么一个人该怎样培养自制力呢?

(1)掌握自己的思想。没有意识作为先导,人就不可能有身体的

行为。抑制思想，就要明白自己想要什么，不能要什么，这是认识问题。然后再弄清楚，怎样拒绝不能做的事，强制自己专做该做的事，这是办法的问题。最后再掂量一下，自己做了该会如何，不做又该如何，这是建立毅力的前提，是由控制思想向控制行为过渡的问题。

（2）控制目标。目标是思想的核心，更是行动的指南，也是取得成功的重要方法。人不可能无为而治，都要有一定目的，做事都要有计划，不能东一下西一下，无头无序。

控制好目标是取得成功的一种重要方法。控制目标，就要制定目标。目标有长期的、中期的，也要有短期的。中长期目标与短期目标并举，做起来就心中有数，忙而不乱了。

修订目标也是重要的一步棋。目标永远是超前的考虑，当做到某一步时，一些意料不到的事情就会出现、发生。在这个时候，如果不对目标及时地修订，那么目标就不能如约执行而处于废弃的危险境地。

（3）控制时间。人生活在空间和时间中，空间容纳人，时间改变人。很多人事情做不好，就是没利用好时间。

操纵时间是门大学问。你应该把你计划要做的事，结合你的个人情况，做一个统筹的安排。这可不是一件轻松的事，人们往往不但不明白自己要做哪些事，而且还不明白在什么时候，用多长时间来做某件事。但是，难的是如何将那么多事和有限的时间充分地融合在一起，事情做好了，时间也没白白浪费，你可选择时间来工作、游戏、休息，虽然客观的环境不一定能任人掌握，但却可以自己控制时间。当我们能控制时间时，就能改变自己的一切。

● 小 故 事

上小学五年级的时候，有一次上图画课，老师让学生画自己家的房子。画了一会儿，玻尔突然举手说："老师，我想回家。"老师满脸不高兴地说："现在正在上课，你为什么要回家？"玻尔很认真地回答："老师，我不知道我家里围墙的柱子有多少根。我要回家去数围墙的柱子。"老师哭笑不得地说："好吧，那你回家吧。要快去快回。"玻尔立即跑回家里，很认真地数了数家里围墙的柱子。刚一数完立马就回到学校。回到课堂上，小玻尔安静地回到座位上，很认真地完成了作业。后来老师发现玻尔画中的柱子，与他家实际的柱子竟然一根不差。正是由于玻尔的认真造就了他后来的成就。

巴斯德

重视思维的逻辑性

巴斯德，法国化学家、近代微生物学奠基人，他证明发酵及传染病是微生物引起的，创始并首先应用疫苗接种以预防狂犬病、炭疽、鸡霍乱，发明了巴氏消毒法。

● **名人名言**

重视思维的逻辑性。思维的逻辑性也可称之为思维的深刻性。它集中地表现在善于深刻地思考问题，抓住事物的本质和规律，预见事物的发展进程。逻辑性是其他思维品质形成和发展的基础。

● **相关链接**

一切有成就的科学家都是以其思维的逻辑性著称的。从法国著名的化学家巴斯德发现羊炭疽病菌的根源这一过程中可以略见一斑。

1870年以前，欧洲常常发生这样的事情：一群一群、一村一村的羊有的时候会突然死去。许多人认为，羊是生病死的，而生病是自然发生的。然而巴斯德认为，这绝不可能。发病原因一定是与微小生物存在着密切关系。经过大量实验，他终于发现，使羊得病死亡的原因，是有一种像细丝一样的病菌进入了羊的身体的缘故。这种病菌叫炭疽杆菌。巴斯德试图找到一种方法，使炭疽杆菌不会传到羊的身体里去。首先他必须弄清一个问题：炭疽杆菌是通过什么途径进入到羊的身体里去的？巴斯德将培养出来的炭疽杆菌的溶液洒在牧草上，让羊吃下去，然而羊却安然无恙。是不是因为牧场上的草太嫩、太柔软，因此病菌没有危险，只有当病菌直接侵入血液中才会使羊发病呢？巴斯德给羊吃一种带刺的蓟草，带刺的草擦破了羊的舌头和喉咙，炭疽杆菌从破口进入到羊的血液里面去。果然，羊一只接一只地生病、倒下、死亡了。那么炭疽杆菌究竟是从哪儿来的呢？得了病而死去的羊只已经埋掉，而病羊身体里的炭疽杆菌不是也埋掉了吗?于是，他来到刚收完牧草的田里，发现有一块泥土的颜色和附近泥土的颜色有些不同；他仔细观察，发现这块土地的泥土很松软，地上弯弯曲曲地堆积着一小团一小团小土粒，那是蚯蚓在地底下钻来钻去，把在地底下吞食的土壤腐殖质，变成了粪便又排泄到地面上，而这块地刚好是埋死羊的地方。在显微镜下，果然从蚯蚓解剖的体腔里，发现了炭疽杆菌的芽孢。如果没有思维的逻辑性，没有巴斯德的预见，炭疽杆菌是不会被发现的。

● 精彩解读

思维能力强不是生来具有的，而是后天认真思考、培养锻炼出来的。他主要体现在三个方面：

（1）激发人的好奇心和求知欲。这是培养创造性思维能力的主要环节。影响人的创造力的强弱，起码有三种因素：一是创新意识，即创新的意图、愿望和动机；二是创造思维能力；三是各种创造方法和解题策略的掌握。

（2）培养发散思维和聚合思维。这是发展创造性思维能力的重要方面。在人的创造活动中，既要重视聚合思维的培养，更要重视发散思维的培养。当前，各级学校比较重视求同思维的培养而忽视求异思维的训练。如有的教师往往按照一张标准答卷给分，而学生也往往按照固有的一个答案回答问题。这样，无形之中使学生形成了一个固定的思维模式，严重影响了学生的观察力、好奇心、想象力及主动性的发展。通过这种办法培养出来的只能是知识积累型的学生。发散思维本身有不依常规，寻求变异，探索多种答案的特点。具有良好发散思维的人，一般对新事物都很敏感，而且具有回避老一套解决问题的强烈愿望。所以应重视对学生发散思维的培养。

（3）培养直觉思维和逻辑思维。这是培养创造性思维不可缺少的环节。所谓直觉思维，是指未经逐步分析而迅速地对解决问题的途径和答案做出合理反映的思维。如猜测、预感、设想、顿悟等。著名科学家爱因斯坦就具有极强的直觉能力。他非常重视实验。大学时，他用大部分时间在实验室里操作，迷恋于获得的直接经验。这些经验使他从马赫、休谟等人的著作中吸取合理的思想，抛弃其唯心论、不可知论的错误观点，从而形成自己一整套相对论的体系。

维兰德

必须学会和掌握非势思维

维兰德，德国化学家，他确定了胆酸及多种同类物质的化学结构。他创立了氧化过程理论。1927年获得诺贝尔化学奖。

● 名人名言

如果人们只是依托和满足于经验性的思维去观察、分析和解决问题，而不能做到在已有经验的基础上加以发展、完善、提高和创新，那么我们在新事物、新困难面前就会显得无能为力和无所作为。为此我们必须学会和掌握另一种思维方法，这就是非势思维。

● 精彩解读

有一次，美国大发明家爱迪生让他的助手测量一下一个梨形的玻璃器皿的容积，这个助手按常规的方法，对这个器皿的长、宽、高等进行反复测量，还在纸上画了许多图，但出于这个玻璃器皿的形状很奇特，几何数据很难测出来，结果费了好大劲也无法算出它的容积来。后来，爱迪生让他把器皿装满水，再将水倒入量杯，看一下刻度算出水的体积，水的体积也就是器皿的容积。

要得出某个物体的体积容积，最通常也是最容易想到的办法就是用测量工具计算的办法。在一般情况下，这些办法无可非议，也能够取得圆满的结果。但在一些特殊的情况下，它们就无能为力了。这个故事隐含了定势思维和非势思维这两种不同的思维方法——爱迪生的助手所用的思维方法就是定势思维，而爱迪生所用的思维方法就属于非势思维。

定势思维是指用常规性、习惯性的方法去观察、分析事物，寻找解决问题的办法和途径的一种思维方式。非势思维是指不按常规性的、习惯性的方法去观察、分析事物，而运用超常规的突破传统思维定式的新方法解决问题的一种思维方法。

定势思维和非势思维都是人们在长期的思维实践中总结出来的，具有客观基础。就定势思维而言，人们在观察分析事物时，经过多次实践，往往会对同一类事物、事情、问题形成固定的想法，在头脑中形成固定的概念和处理方法。这种思路常常首先进入思维程序，诱导或者决定人们的思维沿着固定的模式和方向发展，人们习惯上把它称之为思维定式。有了这个思维定式，人们就会运用以往的经验、方法、路子去观察、分析矛盾，解决问题。特别是阅历广泛、经验丰富的人，对许多问题、矛盾往往会依据其广博的见识，提出几种方案，然后迅速地选择其一，妥善地处理解决。也就是说，定势思维对解决人们日常生活中、工作中的许多问题是很有价值的，也是使用频率最高的一种思维方法。

但是，科学技术和人类社会是不断发展的，永远不会停止在一个水平上，新知识、新技术和新矛盾、新问题层出不穷，往往需要人们不断创新，不断开拓，以推动事物和社会向前发展。

如果人们只是依托和满足于经验性的思维去观察、分析和解决问题，而不能做到在已有经验的基础上加以发展、完善、提高和创新，那么我们在新事物、新困难面前就会显得无能为力和无所作为。为此我们必须学会和掌握另一种思维方法，这就是非势思维。

非势思维具有变异性、多向性、灵活性的特点。它不是沿着既定思路和习惯性思维方向去发展、去延伸，而是非常活跃地打破常规方法和固定程式，脱离原有思路的轨迹，跳出经验型思维的因子，独辟蹊径，拓展思路。即使有时候思路可能暂时受阻，未能沟通，但由于其思维活跃，向众多方向发展，向不同层次辐射，所以最终还是能够探索出崭新的路子，采用与众不同的、超乎寻常的方法、途径，巧妙、妥善地解决问题。许多科学发明创造都是由于科学家善于运用非势思维的这些特点而取得成就的。

训练非势思维可参考下面的建议：博学多闻是进行非势思维的基础。另外思维敏捷是进行非势思维的前提。非势思维能力强的人，往往思维都很敏捷，一条路子走不通，头脑中立即出现第二条路子，思维一直处在活跃、亢奋的状态，这样才能想出新点子，拿出新办法。善于联想是进行非势思维的条件。我们都听说过曹冲称象的故事，据说当别人在议论如何称象时，曹冲正手扶石栏观看，位于手掌下的石柱和象腿相似，由此才想起了称象的办法来。因此，我们思考问题时，不妨多进行一些联想，这样可以引发非势思维。

加布里埃尔·李普曼

两种不同的思维方式

加布里埃尔·李普曼，法国著名的物理学家。因为发明了彩色照相干涉法，1908年获得诺贝尔物理学奖。

● **名人名言**

在许多方面，事物都具有两面性，因为任何事物都是矛盾对立统一体，所以也就形成了两种不同的看待问题的思维方式：正向思维和反向思维。

● **精彩解读**

正向思维是指按照事物发展的正常顺序进行思维的一种思维方式。在人们的实际思维过程中，使用的绝大部分是正向思维方法。正向思维有它存在的客观依据。一是因为它反映了人们认识事物的自然过程和通常步骤。一般来说人们认识和研究事物都是循序渐进的，是一个由简单到复杂、由源头开始然后逐步深入的过程。在时间上习惯于由远及近，从事物开始到事物结束。在空间上习惯于由近及远，由身边的熟悉的事物到别处的远方的事物。在分析过程中，习惯于从概念到判断再到推理，由浅入深，由简到繁，由易到难。在认识步骤上，习惯于从头到尾，有始有终，层层深入。二是因为正向思维是人们认识某些客观事物的必经途径。有些事物的构成和发展本身就是有先后次序或内外层次的，如果不运用正向思维的方法就无法对其进行分析、研究和解决矛盾。就好像一个东西被许多层报纸包在最里边，你要取出它，看到它，必须按照从外到里的顺序，一层一层地把纸剥开，才能达到目的。反向思维，就是与常规思维方向相反的思维。它在思维过程中"倒行逆施"，与传统的或群体的思路相悖逆去思考问题，"反过来想一想"，把思维方向"倒过来"。采用反向思维寻求解决问题的方案，这是一种重要的思

183

维方式。

在科学技术的创造发明过程中，反向思维具有关键性的作用。传统的单一思维难以创造发明。创造发明的可能性往往存在于传统认识的领域之外，存在于与常规思维相反的方向上，在不被人重视或被认知习惯所掩盖的方面，这恰是创造发明的突破口。只有采用反向思维才能打开这个突破口，从与传统思维相反方向上得到启发，打开思路，在一般认知方面的反面产生新的设想，发现新的规律。例如，在著名的电磁感应定律发现过程中，法拉第就是充分运用了反向思维的。奥斯特发现了电流磁效应之后，法拉第思考：既然磁是电流产生的，那么按照自然界中普遍存在的对称性，电流也应该可以由磁产生。这是由正命题转为负命题的反向思维，法拉第进一步根据安培的磁就是电流的观点，从而得出结论：电生磁，磁生电。通过实验，得到了奥斯特电流磁效应的逆效应，即磁的电流效应，最后总结出了电磁感应定律。

在文学艺术创作、文章写作过程中，反向思维具有重要意义，尤其在构思上，作用尤其显著。创作或写作，都是创造性活动，其生命在于创新，传统的单一的思维是难以创新的。只有采取反向思维，摆脱习惯的思维局限，突破旧观念的束缚，才能激发灵感，思维活跃，从而创新。例如，电影、戏剧、文章中的倒叙，就是对习惯的顺序的逆向思维。

在军事斗争、商业竞争、广告营销中，反向思维也具有重要意义。日本丰田公司总经理丰田章一郎说："我这个人如果取得一点成功的话，那就是因为对什么问题我都爱倒过来思考。"

在各科知识的学习中，在分析、解决身边问题时，要积极运用反向思维。遇到特殊问题，找不到解决问题途径时，不妨从反面去思考、采用反向思维，会有新的启发、新的思路、新的发现，获得新的认识。局限于传统知识、观点，沿着单一思维模式走老路，进步是非常缓慢的。只有敢于对常规知识、方法质疑，敢于从反面去想、去闯，头脑才灵活，才会实现"自我突破"。

科　赫

超越自我的人是目标感很强的人

科赫，德国著名的细菌学家。他在结核病领域中做出了巨大的贡献——分离出了结核病菌，1905年获得诺贝尔生理学及医学奖。

● **名人名言**

超越自我的人是目标感很强的人，他们信奉探险精神，勇于探索，他们总是强制自己脱离已有的安逸生活而投身于艰难且伟大的事业中去。他们是那些知道如何克服由他们生活中的常规和习惯带来的限制他们活力的束缚，他们永不满足并且知道如何做到最好。对他们这些人来说，个人提高以及他们所能取得的成绩是永无止境的。

● **精彩解读**

托马斯·爱迪生指出："如果我们只做那些我们能力范围以内的事，我们将陷入平庸。"阿瑟·克拉克说："去发现可能性的极限的方法只有一个，就是超越它。"一位心理学家指出，超越自我的人具有以下性格特征：

自我超越者拥有一种毫不妥协的正义感。他们从不会丧失希望。无论是顺利还是不顺利时，他们总保持同样的价值观。他们不会为了自身的利益违背道德准则。如果你是一个自我超越者，虽然你可以灵活处事，但是你不可以违背自己的良心。

自我超越者总是保持着高昂的斗志。他们懂得去抵御那些并不重要却看上去很有意思的事情。他们知道，能够控制住自己的注意力不被分散对于始终保持旺盛的斗志是十分重要的。他们关注着那些能使他们保持活跃的人和事，同时他们也使那些人和事充满活力。另外，自我超越者很少注意琐碎的事情。那些鸡毛蒜皮的事情在你的生活和事业上最能耗费你的精力和斗志。

自我超越者工作时很有章法，他们很少为那些没有太大意义的暂时性问题所分散精力，但他们也不会漏过那些看上去很小但实际意义重大的问题。他们永远不会把该做的事情向后推。

当他们全神贯注地处理他们最重要的工作的时候，他们会把下一件重要的事情列在后续计划的第一位上。他们不断地重复着这个过程。由于他们总是优先处理那些最重要的事情，自我超越者永远不会把大量的时间和精力耗费在那些无关紧要的事情上。他们把大多数精力放在真正重要的事情上。他们有这样的一个好习惯，这使他们的工作都完成得很好。他们可以沉着地面对压力，并且是优秀的问题解决者。

自我超越者充满勇气。他们知道要么自己掌握命运，要么被命运所征服。他们不会让畏惧和妥协来支配自己。他们不是谨小慎微的人，也不会浪费时间去杞人忧天。他们知道在生活中总是会有风险，而且知道想要去避开每一个风险是不可能的。超越自我者也知道有些人能避开风险是因为他们过于谨慎小心，在人生每一个交叉路口的停车位置上他们只有在所有的交通信号灯变成绿色后才敢发动汽车。太多的这种人把他们的生命消耗在停车等待中了。他们的确采取了行动，但是，方向选择错了。我们应该时刻问问自己："今天我们行动了吗?我们的方向正确吗?"

自我超越者都是有责任心和全身心投入工作的。他们不需要监督，自己就可以做得很努力。他们做他们爱做的事，并且热爱他们所做的事，因此，全身心地投入对目标的追求，对他们来说不成问题。当人们夸奖他们是如何富有责任心和工作如何努力时，他们对这种赞誉有一点点困惑，他们只不过一直在做他们想做的事情，在外界看来他们工作得非常辛苦。但他们却不这么认为。他们只是在不断努力而已。

自我超越者喜欢帮助别人成长。他们知道打碎别人的梦想毫无意义，相反，他们支持这些梦想。他们知道这种过度的钩心斗角只是浪费时间和精力。他们一向信奉以和为贵，自我超越者非常乐意支持别人的新计划和新设想。

你应该花一些时间思考一下，在这几种自我超越者的特征中，你自己有几个，再看看你的朋友、同事和家庭成员觉得你具有几个?如果你的自我评价高于别人对你的评价(这是很有可能的)，那么就把自我评价中多出的几种特征作为自己的奋斗目标，剩下的就是你已经拥有的。

范特霍夫

不要让完美主义束缚自己

范特霍夫，荷兰化学家，1852 年 8 月 30 日生于荷兰。因为在化学动力学和化学热力学研究上的贡献，获得 1901 年的诺贝尔化学奖，成为第一位获得诺贝尔化学奖的科学家。

● **名人名言**

不要让完美主义，不要让求全思想使得你不敢开展那些可能非常有趣的活动。你不妨把"尽最大的努力做好每件事"这句话变成单纯地"去做每件事"。

● **精彩解读**

名人名言"完美主义除了它自身外，没有任何益处"也就是指，完美主义往往使得人们畏首畏尾，不敢开展行动。你也可能因为带有完美主义意味的"尽你自己最大的努力"这句话而使得你畏首畏尾，不敢开展行动。你也许真想在你生命中的重要领域"尽你自己最大的努力"。但是，在你绝大多数的生命活动中，如果你也认为必须样样都要"尽你自己最大的努力"，甚或件件事情都要做得非常出色，这种思想往往会障碍你开展行动。

完美主义往往使人裹足不前。如果你为自己设定了一条完美的标准，那么，你就不会去尝试任何事情，你就不会有什么成就。因此，你无须为你和你的行为设定这样一个十分荒谬的所谓完美标准。

如果你把你的价值等同于你的失败和成功，那你必定会产生你没有丝毫价值的感觉。想一想托马斯·爱迪生吧，要是他把他在某一既定任务上的失败看作是他的自我价值，那么，在他的第一次努力或尝试失败之后，就会对自己绝望，就会承认他是一个失败者，就会停下他给世界带来光明的努力。失败能给人以启迪，它促使人们思考，它也促使人们去努力。如果失败给人们指出了一条通向新发现的道路，那这种失败甚至可以被视为成功，正如肯尼迪·布尔丁所指出的："最近，我校订了一些人的名人名言。其中我校订的一则格言是：没有什么东西像成功这样失败。因为你从成功中得不到什么启示。我们唯一能从中有所收获的事情便是失败。成功仅仅只是确证了我们的迷信。"

好好想一想布尔丁所说的这段话。没有失败，我们便不能获得启迪。但是，我们却把成功视作是唯一可以接受的标准。我们往往都喜欢避免所有可能会招致失败的经历。担心失败也是担心未知事物的一个很大的组成部分。人们都尽力避免任何不能确保成功的事情。担心失败也就意味着既担心未知的事物，也担心因为没有尽心尽力而招致的反对声，但这恰恰是获得成就的大敌。

● 小 故 事

实验的诱惑

小范特霍夫上中学时，从第一堂化学实验课开始就被变化无穷的实验现象深深地吸引了。看着老师在课堂上做，他总觉得不过瘾，老是在想：要是自己能亲手做多好啊！机会终于来了。一天，范特霍夫从化学实验室前经过，他忍不住朝里面看了一眼，里面整整齐齐地排列着实验用的器具、化学药品等，他的双脚不由自主地停了下来。"要是能在里面做实验该多好啊！"没有多想，小范特霍夫就从一个开着的窗户跳了进去。他支起铁架台，把玻璃器皿放在上面，找到了自己需要的药品。接下来，他目不转睛地注视着药品的变化，一切都在顺利地进行着。他十分高兴，忘记了自己是偷着进来的，大声说："变了，变了……"实验室内的响动惊动了隔壁的老师，这可是校规所禁止的。他知道自己犯了错误，不敢抬头看老师。"赶快把东西都收拾好放回原来的地方！"老师命令道。老师知道范特霍夫是因为喜欢化学实验才偷着进去做实验的，也就没有向学校报告。但是，老师本着对范特霍夫负责的原则，告诉了他的父亲。父亲虽然鼓励儿子自己动手多做一些实验，但是却不主张他的这种做法，不仅危险，而且破坏了学校的规定。于是，父亲在家里专门腾出一间房，作为儿子的实验室。从此以后，小范特霍夫就把自己所有的心思都放在了自己的小实验室里。父母给的零花钱，他总是舍不得花，攒起来买各种实验用具和药品。渐渐地，实验室里的器具也多了，他能在这个小天地里做更多实验了。

康福思

打破陈规，充分发展自己

康福思，澳大利亚裔英国科学家，在酶催化反应和有机分子合成方面取得突出贡献，荣获1975年诺贝尔化学奖。

● **名人名言**

没有什么绝对的东西，没有任何时刻都总是言之成理或总是最切中肯的规则或定律。与原则性相比，灵活性是一种更好的德行。所以要敢于打破陈规，充分发展自己。

● **精彩解读**

世界满是人们不假思索地遵守的行为规则，所有这些"应该"，所有这些行为规则构成了一个很大的误区。你也许受一套你甚至不理解的行为规则和原则的影响和操纵。那些对你有利的和对你不利的行为准则，你都摆脱不了，只能任由其摆布。你也不能分辨哪些行为准则对你不利，哪些行为准则对你有利——没有什么绝对的东西，没有任何时刻都总是言之成理或总是最切中肯的规则或定律。与原则性相比，灵活性是一种更好的德行。但是，你也许发现，违反一个荒谬的传统很困难，实际上也不大可能做得到，适应社会，适应社会的文化方式有时也许有助你的发展、进步。但是，如果把这种适应推向极端，如果只是一味地去适应社会，去适应社会的文化方式的话，那么，这种"适应"就很可能会导致不幸、沮丧或焦虑。

无论如何也不能据此推断说，你应该蔑视规则、法律和传统，或者说无论如何不能据此推断说，仅仅因为你决定破除一些规则，你就可以破除这些规则。法律是必不可少的，秩序也是文明社会的一个重要组成部分。但是，盲从于传统则完完全全是另外的一回事，事实上盲从于传统惯例比违反行为准则更不利于个人。一些规则往往极为荒谬，一些传统也往往不再合情合理。在这种情况下，你不能有效地行动，往往是因为你遵守了这些毫无意义的规则，只有在这种情况下，你才可以重新考虑这些规则，你才可以重新考虑你的行为。

亚伯拉罕·林肯曾说过："我绝没有我可以一直运用的一成不变的方针。我仅仅只想做当时最有意义、最合情理的事情。"他绝不盲从于某一必定适用于一切情况的所谓方针，即使制定这一方针时是抱有这样一种目的或意图，他也绝不盲从。

一切进步，无论是你个人的进步，还是整个世界的进步，都是取决于一些似乎"不讲道理"的人，而不是取决于那些适应他们的社会，接受一切现实的人。一切进步都取决于勇于革新，勇于挑战传统和勇于改天换地的人们。若想从一味地盲从规则转变到敢作敢为，你必须学会抵制自己一味地去适应社会文化传统倾向，你必须学会抵制遵守一切规则的许多的压力。要想无拘无束地行动，学会抵制自己一味地去适应社会文化传统倾向，这几乎可说是个必要的前提。

你也许会听到那些陈词滥调："如果每个人都决定只遵守他们想遵守的规则，世界将会怎样，届时我们的社会会是一个什么样的社会啊？"当然，对这一问题的答案是，每个人都不会让世界、让社会成为那个样子。我们这里所讨论的与无政府主义无关。没有人想破坏社会秩序，但是，我们许多人都乐意给予社会中的个人以更多的自由，这种自由也就是使个人免于受毫无意义的"必须"和毫无道理的"应该"控制的自由。

自主自力要求你能灵活地对待这些规则，要求你去断定这些规则在哪种时刻才是合乎实际的，才是合情合理的？的确，追随他人，不假思索地按照你被告知的要求去行事，这些往往容易得多，但是，一旦你意识到现存的法律是为你服务的，而不是要把你变成一个仆人的话，那么你就会开始摒弃你的这种行为。

不盲目地去一味适应社会文化传统，这就意味着自己对社会文化传统要有所决定，有所选择，尽可能有效地执行你自己的决定，尽可能不动声色地执行你自己的决定。但切不要张狂地或充满敌意地宣称某些社会文化传统一无是处。你能让自己成为一个你想成为的人，你也能让自己成为一个他人想要你成为的那种人。这一切都取决于你。

理查德·库恩

艺术能陶冶人的性情和情操

理查德·库恩，德国生物化学家。因研究类胡萝卜素和维生素，1938年获得诺贝尔化学奖。

● **名人名言**

艺术能陶冶人的性情和情操，培养对艺术的兴趣和爱好，能更好地理解生活，更好地享受生活。

● **精彩解读**

1. 欣赏大自然

大自然以其原始韵味的生命气息亲近着每一个人的心灵，它那开阔的视野、清新的空气不仅增进人体的健康，还能洗涤人们心灵上的尘埃，给人以智慧的启迪，性情的陶冶。

大自然是我们生活中的一种调节剂。当生活节奏紧张时，它使我们神经得到松弛；当我们在生活中受到打击的时候，它能起到平衡心态的作用。恩格斯青年时期曾有过一次失恋，为此他去阿尔卑斯山旅游，对大山诉说痛苦，向自然寻求慰藉，很快就从失恋的痛苦中解脱，又以新的热情投入到他所热爱的伟大的革命事业中。大自然教会人微笑着生活，一切都要向前看，因为还有希望还有机会，相信明天比今天更好。

2. 热爱艺术

马克思说：一个人既不喜欢文艺，又不喜欢体育，那么他的生活将是枯燥乏味的，这说明艺术作为人的一种高级精神需要，是生活中不可缺少的内容。艺术活动可以消除疲劳，增进健康。现实生活证明，许多热爱艺术的人是身心全面发展的人，因为他们学会了欣赏生活。

文学欣赏与创作。文学作品是艺术化的人生舞台，上演着一幕幕人间的悲喜剧！无论作为一个旁观者去欣赏它，还是作为一个作家或导演去创作它，都足以使我们加深对生活的观察理解，促进我们心智的开发。

在音乐中找快乐与健康。音乐是一种富有情绪色彩的语言，具有强烈的感染作用，通过乐曲的旋律、节奏，使人的情感起伏跌宕，从而提高了大脑的兴奋性，促进其功能的发展。爱因斯坦每当在研究和实验中遇到困难时，他就拉起提琴，原来困惑不解的疑团，常常在甜美悠扬的乐曲声中豁然开朗。音乐还决定着一个人的品位。热爱音乐的人，情趣高雅，充满了对生活的热爱。

其他艺术活动。欣赏和创作书画，不仅会得到创作的满足还会获得美的享受。电影、电视剧作为一种综合艺术，也能帮助人们挖掘更深层的生活内涵，增加生活的阅历。此外，下棋、书法、集邮等，都能丰富生活，这些积极健康的兴趣和爱好，能消除空虚与孤独等不良心理状态。

玛利亚·梅耶

幽默是一种优秀的健康的个性品质

玛利亚·梅耶，德裔美国人，在原子核研究方面做出重大贡献，获得 1963 年诺贝尔物理学奖。

● **名人名言**

你幽默吗？如果你会幽默，那你的生活就是多姿多彩的，因为它是一种优秀的、健康的个性品质。

● **精彩解读**

在一项对英国妇女的调查中，有一条是：你理想的男人应该具备什么?大多数妇女的答案，不是金钱、名誉、地位、相貌，而是幽默和智慧。可见幽默被放在举足轻重的地位。只要是有一定生活阅历的人，都会对英国妇女的选择点头称是。

对于"幽默"这个词，我们也许并不陌生，然而，究竟什么是幽默呢?心理学家认为：幽默是人的个性、兴趣、能力、意志的一种综合体现，它是语言的调味品。有了幽默，什么话都可以让人觉得醇香扑鼻，完整甜美。它是引力强大的磁铁。有了幽默，便可以把一颗颗散乱的心吸入它的磁场，让每个人的脸上绽开欢乐的笑容。它是智慧的火花，可以说，幽默与智慧是天然的孪生儿，是知识与灵感勃发的光辉。

幽默中渗透着一种坚强的意志。富有幽默感的人往往是一个奋力进取者。幽默也能展示人的一种乐观豁达的品格。幽默，实在具有神奇的魅力：可以使愁眉者笑逐颜开，可以使哭泣者破涕为笑；可以为懒惰者带来活力，可以为勤奋者驱散疲惫；可以为孤僻者增添情趣；可以使欢乐者更加愉悦……幽默，作为一种精神现象，是人类智慧和文明的产物，也是一种受人喜爱的个性才情。

有不少世界名人，善于运用幽默的语言行为来处理各种关系，化解矛盾，制止不文明的行为，消除敌对情绪。他们把幽默作为一种无形的保护阀，使自己免受紧张、不安、恐惧、烦恼的侵害。

林肯是美国历届总统中最富有幽默感的人，被人称为一代幽默大师。

有一天，林肯正要下床休息，别人打电话来请示他："税务主任刚刚去世，能否让我来接替税务主任的职务？"林肯当即回答说："如果殡仪馆同意的话，我个人不反对。"巧妙地拒绝了对方。

林肯在一次演讲时，有人递给他一张字条，上面只写了两个字："笨蛋。"他举着这张字条镇静地说："本总统收到过许多匿名信，全都是只有正文，不见署名，而刚才那位先生正好相反，他只署上了自己的名字，而忘了写内容。"

幽默是一个人能以意味深长、富有智慧的形式，轻松巧妙地揭露出事物的内在矛盾，造成出人意料的喜剧情趣。幽默常运用机智、风趣的言行引人发笑，让人在微笑中进行联想和推断，从而领悟其中的趣味。幽默是一种优秀的、健康的个性品质，是人类最可贵的才能。它具有极大的创造性，既表现在对生命意义的追求，也表现在对人创造力的开发，它具有多方面的作用。

（1）幽默有助于身心健康。幽默是笑的源泉，笑是一种情绪反应。古人早有"喜则气和，忧则气耗，怒则气逆，悲则气结"的说法。事实确是如此，笑比哭好，笑的生理和心理功能都有助于身体健康。经常微笑的人可以保持宁静舒畅的心境，减少喜怒无常的状态，可以保持心理活动的协调性。在生理上，笑还可以活动面部肌肉，调节血压，解除疲劳，改善呼吸，扩大肺活量，增进食欲。

（2）幽默是解决问题的金钥匙。现实生活中常常不乏令人碰得头破血流仍然得不到解决的问题，但是，如果来点幽默，却往往会迎刃而解。使同事之间、夫妻之间化干戈为玉帛。

（3）幽默显示自信，增强信心。信心有时也许比能力更重要。生活的艰难曲折极易使人丧失自信，放弃目标。若以幽默对待挫折往往能够重新鼓起对未来充满希望的风帆。爱迪生研制白炽灯时，为寻找一种合适的灯丝材料做了一万次试验，都没有取得满意的结果。这时有人嘲笑他："你已经失败了一万次。"爱迪生反驳道："不。我是证明了一万种材料不适合做灯丝。"幽默使爱迪生战胜了挫折。

马尔克斯

抓住瞬间的灵感

马尔克斯，哥伦比亚作家，1982年因为小说《百年孤独》获得诺贝尔文学奖。

● 名人名言

灵感是存在于人脑中的抽象的想法，一般时候不显露，一旦接收到特殊的刺激，就会迸发出来，这样就要抓住瞬间的灵感，就在这一瞬间也许你的人生就会从此与众不同。

● 精彩解读

心理学家一直在探寻成功人士的精神世界，发现了两种本质的力量：一种是，在严酷而缜密的逻辑思维引导下艰苦工作。另一种是，在突发、热烈的灵感激励下立即行动。后者就是我们常说的灵感。从事艺术工作尤其是绘画、写作的人，会对灵感的体会颇深。

灵感是存在于人脑中的抽象的想法，一般时候不显露。一旦接收到特殊的刺激，就会迸发出来。比如画家画画，有时候没有创作的欲望，找不到灵感，任他怎么挥毫，也画不出绝美的图画。这个时候若是强迫自己画，只能是画出一些平庸无奇的东西，根本不值得收藏。

遇到这种情况，就不要在画布前发脾气了，出去走走，放松心情，也许就会找到创作欲望的。一山、一水、一树、一花，都有可能触动心底的某根神经，引发你最初的想法。

这种突如其来的感觉就是灵感，抓住它，肯定会有佳作问世。稍微一犹豫，灵感就会跑掉，且无处找寻了。因此当灵感来临时，能及时抓住它的人，也就抓住了成功。

当可能改变命运的灵感在世俗生活中喷发时，绝大多数人习惯于将它窒息，而后又回到原来的生活轨迹：什么时候该做什么照常做什么。

我们并没有意识到，内在的冲动是人类潜意识迈向客观世界的直达快车。威廉·詹姆斯说：灵感的每一次闪烁和启示，都让它像气体一样溜掉而毫无踪迹，这比丧失机遇还要糟，因为它在无形中阻断激情喷发的正常渠道。如此一来，人类将无法聚起一股坚定而快速应变的力量以对付生活的突变。

在采取关键性步骤之前，不少人体验到犹豫彷徨的痛苦，此时内心深陷在自我辩驳与争执中，而越是深思，我们陷得越深；灵感与纷至沓来的思绪互相僵持、抵消，直到神经焦灼得失去判断为止。作为潜意识对环境的应急反应，激灵的行为可以替你排忧解难，最本质的冲动也有可能是正确的。

真正的灵感是明智的，它引导我们走向成功，因为它揭示了潜意识中最本质的心灵趋向。所有的人都有一种难以抑制的自我实现的冲动。我们知道自己要做个什么样的人，因灵感会暗示——哪怕它久废而不用。灵感不是用以替代理性，而是直接指向理性之路。当然，这并非一条坦途，一开始便把自己交给随机的冲动可能是危险的。

● 小 结 语

生活中任何一个不经意，都可能激发有心人的灵感，都可能创造一个奇迹。千万别放过任何一个偶然闯入你脑中的灵感，抓住它，也许你的人生就会从此与众不同。

伊凡·蒲宁

寻找乐趣，而非等待乐趣

伊凡·蒲宁，俄国著名作家。他的代表作有《末日》《梦》《旧金山来的绅士》等，1933年蒲宁因为"继承俄国散文文学古典的传统，表现出精巧的艺术方法"获诺贝尔文学奖。他的众多的充满矛盾的创作遗产，具有很强的美学与认识价值。

● 名人名言

事实上，生活中的许多时候，我们都能寻找到乐趣，只要心里想快乐，绝大部分人都能如愿以偿。但是现实中的许多人不是从生活中、工作中去寻找乐趣，而是去等待乐趣，等待未来发生能给他带来快乐的事情。

● 精彩解读

当我们在做自己喜欢的事情时，很少感到疲倦，很多人都有这种感觉，比如在一个假日里你到湖边去钓鱼，整整在湖边坐了10个小时，可你一点都不觉得累，为什么?因为钓鱼是你的兴趣所在，你从钓鱼中享受到了快乐。产生疲倦的主要原因，是对生活厌倦，是对某项工作特别厌烦。这种心里的疲倦感往往比肉体上的体力消耗更让人难以支撑。心理学家曾经做过这样一个实验。他把18名学生分成两个小组，每组9人，一组学生从事他们感兴趣的工作。另一组学生从事他们不感兴趣的工作。没有多长时间，从事自己所不感兴趣的那组学生就开始出现小动作，再一会就抱怨头痛、背痛;而另一组学生正干得起劲呢!经验告诉人们，人们疲倦往往不是工作本身造成的，而是因为工作的乏味引起的，它消磨了人对工作的活力与干劲。

心理学家加贝尔博士说:"快乐纯粹是内在的，它不是由于客体，而是由于观念、思想和态度而产生的，不论环境如何，个人的活动能够发展和指导这些观念、思想和态度。"

　　这些观点尽管有一些偏激，但它可以支配人们排除外界条件的影响，还可以帮助人们对生活中的工作有新鲜的、朴实的感觉，不管这项工作对其他人来说有多么乏味。每一件事，每一个人，从一定的意义上说都是珍奇独特的，只要愿意，这一切都是无穷无尽的快乐源泉。只要你用快乐心情去感受，你就能感到你身边工作的快乐。这里介绍几种从工作中获得乐趣的方法。

　　首先把工作看成是创造力的表现。现实中的每一项工作都可以成为一种具有高度创造性的活动。其次把工作当成是自我满足，为了自我满足而从事工作是一种乐趣。如果这是强制的工作，就未必是愉快的。再次把工作当成艺术创作。最后把工作变为娱乐活动。把工作当成娱乐，就能以工作作为消遣。学会从工作中获得乐趣，即在苦中亦能寻乐，那将是你人生成功的又一秘诀。心中充满快乐时，自然感到身边的工作也有趣，终日自怨自艾，只是无益地自寻苦恼。

迈克尔逊

愤怒情绪是一种心理病毒

迈克尔逊是美国物理学家，主要从事光学和光谱学方面的研究，他以毕生精力研究光速的精密测量，他发明了一种用以测定微小长度、折射率和光波波长的干涉仪（迈克尔逊干涉仪），在研究光谱线方面起着重要的作用。迈克尔逊最主要的贡献是在1926年利用多面旋镜法较精确地测定了光速。由于他的杰出成就，他荣获了1907年度的诺贝尔物理学奖。

● 名人名言

我们每个人都避免不了动怒，愤怒情绪也是人生的一大误区，是一种心理病毒。它同其他病一样，可以使你重病缠身，一蹶不振。也许你会说："是的，我也知道自己不该发怒，但就是控制不住自己。"若你是一个成大事者，你就应该注意了，能不能消除愤怒情绪与你的情绪控制能力有关。

● 精彩解读

人人都会不时地表露自己的愤怒情绪，愤怒这一习惯行为可能连你自己也不喜欢，更不用说他人感觉如何了。因此，你大可不必对它留恋不舍。它不能帮助你解决任何问题，任何一个精神愉快、有所作为的人都不会让它跟随自己。

愤怒既是你做出的选择，又是一种习惯，它是你经历挫折的一种后天性反应。你以自己所不欣赏的方式消极地对待与你的愿望不相一致的现实。

同其他所有情感一样，愤怒是大脑思维后产生的一种结果，它不会无缘无故地产生。当你遇到不合意愿的事情时，就告诉自己：事情不应该这样或那样，于是你感到沮丧、灰心；然后，你便会做出自己所熟悉的愤怒的反应，因为你认为这样会解决问题。只要你认为愤怒是人的本性之一，就总有理由接受愤怒情绪而不会改正。

但只要你不去改正，你的愤怒情绪将会怂恿你做错误的事情。成大事者是不会让愤怒情绪所左右的。历史上有好多这样的例子，他们不能压下怒火而成就事业，仅凭着这一怒之气行事的则大多失败了。

在关键时刻是不可以让怒火左右情感的，不然你会为此付出代价。那么，怎样消除愤怒情绪呢?下面几种方法我们可以借鉴。

一是要以一种平静的方式勇敢地表示出自己的愤怒；然后，以新的思维方式让自己保持精神愉快，使之转为内在控制；最后，不再对任何人的行为负责，不因为别人的言行影响自己的精神状态。你可以学会不让别人的言行搅乱自己的心境。总之，只要你自尊自重，拒绝受别人的控制，便不会用愤怒折磨自己。

二是消除愤怒的最佳方法就是幽默。生活中的有些人，他们对生活的态度严格得近乎呆板，这当然是一种不可取的态度。只要我们观察一下周围那些精神愉快的人就会发现，他们最为明显的特点是善意的幽默感。让别人开怀大笑，在笑声中观察五彩缤纷的现实生活，这是消除愤怒的最佳方法。

对于"幽默"这个词，我们也许并不陌生，然而，究竟什么是幽默呢?心理学家认为，幽默是人的个性、兴趣、能力、意志的一种综合体现，它是语言的调味品。有了幽默，什么话都可以让人觉得醇香扑鼻，隽永甜美。它是引力强大的磁铁。有了幽默，便可以把一颗颗散乱的心引入它的磁场，让每个人的脸上绽放欢乐的笑容。它是智慧的火花，可以说，幽默与智慧是天然的孪生儿，是知识与灵感发出的光辉。

总之，你应当提高自己控制愤怒情绪的能力，时时提醒自己，有意识地控制自己的情绪波动，千万不要动不动就指责别人，喜怒无常，改掉这些毛病，努力使自己成为一个容易接受别人和被别人接受的人，成为性格随和的人。只有这样的人才能做成大事。

罗杰·吉尔曼

培养自己敏锐的洞察力

罗杰·吉尔曼，法裔美国医学家，发现了大脑产生的激素肽，于1977年成为诺贝尔生理学及医学奖获得者。

● **名人名言**

眼光锐利，洞察力强的人，他们对事物的反应灵敏；眼光短浅的人，常常对外界事物视而不见，即使看见了也只是浮光掠影，不能深层次地了解事物。

● **精彩解读**

有些人要在社会中做个成功的人，就一定要注意培养自己敏锐的洞察力。

很多时候，人们往往对眼前的事物视而不见，而眼前的事物，其实就可以有所发现、有所创造，发现了它们，就会掌握命运的主动权。

缺乏洞察力的人往往被固定在普通的思维之中，囚禁于习惯的评价、感觉和态度，很难从思维定式中突围出去。一旦丧失了观察问题的敏锐感觉，即使处处有生财和发达之道，也会视而不见。被苹果砸过脑袋的人恐怕难以计数，砸了脑袋的苹果不是被吃掉就是被扔掉，但有一个苹果例外。牛顿将这一极为平常的自然现象予以由此及彼、由表及里的发掘与提升，发现了万有引力定律。

大家都知道"鼠目寸光"，与之对应的则是鹰眼的宽广。鹰眼的出色之处不仅在于它看得远，而且看得清楚。光是举目四望是不够的，看得细致明了也是必要的。鹰眼同时具备宏观与微观的眼光，它看得既不粗枝大叶，也不拘泥于局部，也就是说，要掌握宏观与微观的平衡。洞察力其实也是一个掌握平衡的问题，要既能看清大局，也能看清眼前的细微变化，如此才能够对事物有正确的看法。

有些人有了敏锐的洞察力，就等于拥有了把握命运的一件利器。要培养敏锐的洞察力可以从以下几方面入手：

1．抓住问题的关键

有许多这样的情景，已经花费许多劳动，但总觉得离解决问题还差一点，这是因为没有抓住问题的关键所致。要仔细分析一下其中的原因，看一看到底差在哪里，久而久之，必会培养出洞察世事的能力。

2．要善于捕捉信息

对于信息的敏锐力、识别力和悟性，是决定能否成为创造者、开拓者和成功者的关键。要多用心去听、去看，只有充分掌握了有用的信息，才可以对事物有准确的判断。

3．要懂得取舍

很多时候，放弃也是一种聪明的选择。有些人往往容易对事物有割舍不断的感情，虽然一条路走到底不是什么坏习惯，但有时试试其他的办法会更好。

罗伯特·默顿

风度是人生最大的资本

罗伯特·默顿，美国经济学家，因为在金融领域取得的重大成就，1997年获得诺贝尔经济学奖。

● 名人名言

如果你心胸狭窄，遇事斤斤计较，总是觉得别人没有你强，妒忌他人，损人利己，这是成就事业的天敌。要想成就事业，必须有优雅的风度。风度是人生最大的资本。

● 精彩解读

优雅的风度从何而来?有人认为，它来自言行、姿态。言行、姿态与风度固然密不可分，但它们毕竟是风度的表现形式，是风度的流而不是源。仅仅在风度的外在形式上下功夫，盲目效仿别人的谈吐、举止及表情，只能给人留下浅薄的印象。如，在言谈上，想学习别人的幽默感，然而由于内涵不够，也未弄清楚何谓幽默，何时、何地、何种对象面前才适宜幽默，在这种不明所以的情况下的所谓幽默，会使别人啼笑皆非，甚至闹出误会。

也有人说，风度美就是心灵美。这话并不全对。心灵美指人的思想品质高尚，同于内在美；而风度美虽受内在美制约，但毕竟是通过运动所表现出来的一种神韵，属于外在美。应当承认，有的人心灵十分美好，但他们不都具有良好的风度。这是因为，外在美有其相对的独立性，它有它独特的表现形式和规律。想用心灵美取代仪表美是错误的。

那么，优雅的风度究竟从何而来? 它来自:

1. 知识与才干

既然风度是人的内在气质的外在表现，因此，良好的风度必须以丰富的知识与涵养为基础。风趣的语言、宽和的为人、得体的装扮、洒脱的举止，等等，无不体现一个人内在的良好素质。然而，要使你对知识的运用不显得生硬，还有赖于智能的提高。当你的智力在敏捷性、灵活性、深刻性和批判性等方面得到发展，你在知觉、表象、记忆、思维等各方面能力得到了提高，加之你拥有丰厚的涵养，那么，优雅的风度就自然而然地为你所拥有了。

2. 性格与修养

具有修养的性格，是每个人风度、风韵、风格的核心。每个人的性格不尽相同，好动或好静，开朗或内向，合群或孤僻，热情或冷峻……有人对自己性格的优缺点很了解，却无力驾驭它。现代人，应当有锻炼自己性格的自觉性。每个人的个性特点不同，所以性情陶冶意义对不同的对象意义也不同，方法也因人而异。每个人可以根据自己的性格，有针对性地选择自己性格中的薄弱环节，采取恰当的方法，下一番改造功夫。修养，就是对自己秉性的锻造磨炼，健全丰满的性格，应该柔中有刚，韧中有强，谦虚而不自卑，自信而不鲁莽，细腻而不拖沓，热烈而不狂放。有意义的人生是真善美的统一，良好的性格品质是获得人生幸福的基石。

3. 陶冶与净化

风度和风韵的内在气质，需要外在物质力量的陶冶。当我们走向大自然，面向江海，脚踏青山，我们会感到大自然的伟大和力量。中国文化传统历来强调审美活动中大自然对人的陶冶，西方美学则注重净化。陶冶，是感情的培养，是人把在审美活动中的美好感受保存下来，化入自己的气质之中。情感，既得要生成、培养健康有意义的生活态度，又需要宣泄，即把已经成熟的感情散发出来，在吐故纳新中保持旺盛的生命力。这就是净化。当然，陶冶作用并非山水、大自然审美所独有，人们在欣赏社会美和艺术美的同时，受到很大的陶冶。作为现代生活中的人，要真正培养自己较好的风度形象和具有魅力的风韵，首先应当从"大"处着眼，从素质上提高自己。如果对自己的风度训练仅仅局限于如何举手，如何投足，如何说话，如何谈笑，往往收效甚微，以至弄到俗气的地步，换句话说，太多讲究举止，故意地追求优雅，反而失去了风度。

个人气质、品德情操和生活习惯，它是在长期的陶冶中形成的。如果能够做到活泼但不轻佻，谦虚但不自卑，自信但不自傲，忍让但不软弱，诚实但不愚蠢，就是比较完美的风度了。

梅尔文·卡尔文

养成俭朴的习惯是成大事者的本性

梅尔文·卡尔文，美国生物化学家，因发现光合作用的步骤而获得1961年的诺贝尔化学奖。

● **名人名言**

生活的俭朴与奢侈关系到一个人的人生志向。尽管现在物质生活已经很丰富，但我们依然认为养成俭朴的习惯是成大事者的本性。

● **精彩解读**

俭朴，这是中华传统美德。这些美德是青少年学习和借鉴的优秀品质，更是成功的习惯之一。

随着商品交易的发展，金钱就随之来到人类社会广泛地流通，围绕金钱发生了无穷无尽的故事，人们对金钱的看法也各种各样。到了现代，商品经济愈加发达，金钱更加广泛地充斥人类社会，如何来看待金钱呢?金钱应该在生活中占据什么位置呢?实际上，金钱这种东西只要人们取之合道，用之行度，是会给美好的生活增添亮丽的色彩的。

然而，现实社会中，金钱又驱动了许多罪念。在一个多雨的城市里，由于雨大，路面很光滑，有一个老妇人带着小孙女去医院看病，小孙女不幸落入鱼塘之中，老妇人大声呼救，小女孩在水中挣扎，十分危急，可是鱼塘的周围围了许多人，没有一个人动手抢救。有一个小青年大声问老妇人："我救她起来给多少钱?"老妇人因为身上无钱，答应回家后给他200元钱。可小青年说："没钱，谁救呀"，就站在一边看热闹去了，结果小女孩苦苦挣扎，昏死过去，后来多亏有一个武警战士从此路过跳入塘中，将人救起，后经多方抢救，小女孩才脱离危险。

从这件事中，确实看出人被金钱所扭曲的嘴脸，但金钱在社会生活中，也大大地发挥了其积极的一面。

　　在现在的中国，虽然经济有了较大的发展，但还是有许多人生活在贫困中，为温饱而挣扎。他们的子女面临着辍学的危险，是希望工程的建立和爱心活动，带给了他们曙光和希望。

　　金钱虽然是赤裸裸的，关键在于使用他的人如何来对待它。建立正确的金钱使用和价值观，会使人的生活进入到一个崇高的理想境地。合理地利用金钱，为自己做更多的事，为社会做更有益的事，正是青少年所面临的问题。其实，合理地利用金钱，可以使人的生活更充实。金钱首先可以给人带来幸福。金钱可以做好事，也可以做坏事，关键是你用之有道，在满足自己的生活所需外，还可以用于公共事业的发展。在这种情况下，更好地发展自我，发现自我，崇尚金钱也并不是坏事。

　　现在在社会上有一种错误的观点，认为谈钱太"俗"，尤其是青少年，为了不让"俗"气沾染自己，就开始表现出厌恶谈钱，认为钱是赤裸裸的东西，殊不知金钱也是一种成功的标志，崇尚金钱就是崇尚成功，是一种高尚的美德。之所以这样说，是有一定道理的。金钱造就了人类的幸福。看看我们生活的四周、我们吃的食物、我们穿的衣服、我们住的楼房、我们坐的汽车、我们看的报纸，哪一样不是通过别人的劳动而得来的。享受别人的劳动，就需要用金钱做门票。因此，人类的幸福，从一定意义上来讲，是由金钱造成的。

　　如果青少年真正地认识了这一点，就应该正确对待金钱，做到有备无患，在日常生活中，当某些突发性事件来临时，需要用大量的金钱，你平时如果不储蓄，你会手足无措的，最好养成储蓄的习惯，做到有备无患。"先天下之忧而忧，后天下之乐而乐。"青少年要学会居安思危，早做准备。

　　勤俭，不仅是一种美德，更是成功者的必备习惯之一。青少年若要想成就一番事业，勤俭习惯是必不可缺的成功习惯之一。

苏利·普吕多姆

远见卓识将给我们的生活带来极大的价值

苏利·普吕多姆，法国诗人，生在巴黎一个工商业者家庭。他的诗歌长于提示人心灵演算的隐秘、幽微的感受和体验；更长于分析，无论是灵感诗还是哲理诗，都给读者留下了深刻印象。由于他创作上的成就，1901 年，瑞典学院为了"特别表彰他的诗作，它们是高尚的理想、完美的艺术和罕有的心灵与智慧的实证"，把第一个诺贝尔文学奖颁发给他。

● 名人名言

现实生活中的远见卓识将给我们的生活带来极大的价值。远见告诉我们可能会得到什么东西，召唤我们去行动；远见可带来巨大利益，打开不可思议的机会大门；远见增加个人的潜力，越有远见，越有潜能；远见使工作轻松愉快，令人生更有乐趣。

● 精彩解读

当我们的工作是实现自己美好愿望的一部分时，每一项工作都具有价值。因为我们看到更大的目标正在实现。你能远见思考，勤奋努力，将来就更有可能实现你的目标。未来是无法保证的，但远见地思考能大大增加成功的机会。

过去的经历比任何其他因素都可能限制我们的远见。如果你的过去特别艰难、困苦、不成功，那就必须更加努力以远见昭示将来。你认定自己不能成功，就局限了自己的远见。开动脑筋，敢于有伟大的理想，试一试你的最大能力，不要关闭你自己的潜能。要敢于梦想——不管有什么问题、逆境和障碍，只要长期不懈地努力，就能实现自己的理想。

洞察力对于远见是至关重要的。远见就是在人类的巨大画卷中洞察到未来的情景，只有看到别人看不见的事物的人，才能做到别人做不到的事情。有要做成一件事的强烈愿望，乐意付出代价几乎没有什么事情是不可能的。不管你目前的地位多么卑微，都别让它剥夺了你的远见性思考。

要有伟大的理想，谨小慎微的人是不会取得成功的。

所有梦想的实现都是有代价的，实现你的远见，就要做出牺牲，当然可以一面追求你的梦想，另一面保留着你其他的种种选择。不过想取得成功的人，有时你必须放弃种种小的选择来换取那个更大的梦想。

相信你能使自己活得更好，使远见变为现实。不能说想把远见变成现实的人是个空想家。远见总得由确定这个远见开始，你的远见不能由别人给你。如果那不是你自己的远见，就不会有实现它的决心与冲劲。远见是了不起的东西，会对我们产生积极的影响，特别是当一个人的远见与他的机遇不谋而合时。

鲁道夫·奥伊肯

如果想得到现实的幸福,就必须学会珍爱自己

鲁道夫·奥伊肯出生于德国北部东弗里西亚群岛,他的主要著作有:《近代思想的主潮》《大思想家的人生观》《人生的意义与价值》《认识生命》《人生回顾》等。他的著作通畅易懂,毫无康德、黑格尔式文体的晦涩,洋溢着"为天地立心,为生民立命"的热情。由于他对真理的热切探求、深邃的思想洞察力、广阔的视野、雄浑的表现手法以及运用这种手法维护和发展了的"生活哲学",奥伊肯获得了1908年诺贝尔文学奖。

● 名人名言

传统的观点认为,爱自己无疑是一种自私,因此,我们很多人似乎都忘了自己,久而久之,我们又陷入了人生的另一误区——自我否定,你不能相信自己,时时感到自卑,因而极大地影响了自己生活和事业的成功。如果你想得到现实的幸福,就必须学会珍爱自己。

● 精彩解读

你首先学会了爱自己,很快便可以爱别人,并通过帮助自己、关心自己来帮助别人、关心别人。这样,你对他人的帮助中没有虚伪的成分。你帮助别人,不是为了博得他人的感谢或获取奖赏,而是因为你从帮助别人或爱别人之中能够享受到真正的快乐。

然而,倘若"你"是一个毫无价值、不为自己所爱的"你",那么帮助别人则是不可能的,如果你自己毫无价值,你又怎么能去爱别人呢?即使去爱,你的爱又有什么价值呢?而且如果你不能给他人以爱,你也就不可能得到他人之爱。的确,如果将爱给予一个毫无价值的人,这种爱又有什么意义呢?爱——无论是给予他人还是受之于他人——首先要从完全自爱开始。

　　自爱的能力是你用来审视自己所有的一面镜子。即便你不喜欢自己的某些特点和行为，但你也不要厌恶自己，否则只会使你陷入惰性并受到损害。因此，一旦自己出现某些缺憾，你不要首先厌恶自己，而应当发展一种积极的情感——从错误中吸取教训，下决心不再重犯，但无论如何不要将错误与你的自我价值等同起来。

　　可能有人会认为，自爱行为是一种无异于极端利己主义的令人反感的行为，这实在是一种极大的误解。自爱与那种到处夸耀自己多么了不起的行为毫无共同之处。后者并不是一种自爱行为，而是企图靠自吹自擂来赢得他人的注意和赞许。它与自我轻蔑行为一样都是病态行为。自负行为的目的在于赢得他人赞许，采取这些做法的人是根据别人对他的看法来评价自己。如若不然，他便没有必要靠自吹自擂来说服别人。自爱则意味着你爱你自己，它并不要求别人爱你，因而也没有必要说服别人。只要你接受自己便足够了，自爱与别人对你的看法如何毫不相干。

　　自爱就是根据你的意愿将自己作为一个有价值的人而予以接受。自爱练习应始于你的思想，你必须学会控制自己的思维。这就要求你无论何时何地，都能够有意识地及时发现自己的自我否定行为。如果你能当场"捕获"这种行为，便可以具体审视这种行为背后的思想过程。例如，你发现自己刚说了句自我贬低的话——"我真没什么了不起，考试考不好，运气又很差。"这时，你头脑就马上敲起警钟："我又说这话了，又做出了这种自我嫌弃的行为。但我现在已意识到了，下次可不要再讲这种话了。"接下来，你要采取针对性的策略纠正自己的错误，你可以对自己大声说："我是最棒的。"

　　这便是向自爱迈出的小小一步。虽然这种做法似乎让你有点不大习惯，就像开车时换挡变速一样，但如果一直坚持，最后将会养成一种新的习惯，而不必时时刻刻考虑自己的行为，并自然而然地养成一种自爱的行为习惯。

　　一旦你思想上有了一个新的认识，那些令人振奋的自爱行为便不断地展现于你的生活之中。